乔布斯超级魔力演讲

STEVE JOBS

陈卓然◎编著

中国纺织出版社

内 容 提 要

本书对乔布斯的演讲技巧和方式进行了详细的分析，找到他演讲成功的奥秘所在，通过对他的演讲技巧和谈吐风格的展示和延伸解释，来与读者进行一次深刻的“对话”，让读者对演讲有一个全新认识。本书内容深入浅出，相信每一个关于乔布斯的演讲细节都能为我们带来启发，帮助我们提升自己。

图书在版编目（CIP）数据

乔布斯超级魔力演讲 / 陈卓然编著. --北京：中国纺织出版社，2013. 9（2023.4重印）

ISBN 978-7-5064-9773-2

Ⅰ. ①乔…　Ⅱ. ①陈…　Ⅲ. ①乔布斯，S.（1955~2011）—演讲—语言艺术　Ⅳ. ①K837.125.38②H019

中国版本图书馆CIP数据核字（2013）第102068号

策划编辑：郝珊珊　　特约编辑：金　菊　　责任印制：储志伟

中国纺织出版社出版发行
地址：北京市朝阳区百子湾东里A407号楼　邮政编码：100124
邮购电话：010—67004461　传真：010—87155801
http://www.c-textilep.com
E-mail：faxing@c-textilep.com
永清县晔盛亚胶印有限公司印刷　各地新华书店经销
2013年9月第1版　2023年4月第2次印刷
开本：880×1230　1/32　印张：7
字数：91千字　定价：38.00元

前言　最伟大的沟通大师

一个人能不能取得成功，与其口才好坏有着密切的关系。可以说，掌握说话的艺术是现代人成功的必备条件之一。

说话的表现手法有很多，演讲便是其中一种，其表达艺术更是多种多样。好的演讲能力具有一股神奇的力量，它能使演讲者如鱼得水，顺利实现预期的效果。从某种程度上而言，演讲不仅是语言魅力的展现，也是说服人心的工具。在乔布斯身上，我们就能够看到，演讲代表着一种改变世界的力量。在演讲台上，他不断地上演着传奇，改变着当今社会人们的生活方式和对社会的认知。

乔布斯的演讲之所以受人推崇，并能在世界各地广受人们的欢迎，就是因为他的演讲已经受到媒体和消费者的认同和推崇。当他穿着黑色T恤、蓝色牛仔裤站在演讲台上时，台下的听众就已经为他的魅力所折服。他的演讲不是产品介绍会，不是枯燥严肃的解说，而是经过精心编排的一幕大剧：他的自我展现、风趣谈吐、激越言辞、恰当互动以及幻灯片、数字视觉化、娱乐元素的运用，令他的演讲成了一种艺术展现。乔布斯的演讲给我们带来了一场视觉和听觉的盛宴。

在演讲的大舞台上，乔布斯通过自己的声音、热情来传递信息和知识。他是产品的代言人，也是一个幽默的解说家。他既是向听众推销自己的产品，也是在传播自己的理念。他把说话和演讲当作一门艺术。

人们都说，乔布斯是演讲界的魔鬼。其实，他只是一个布道者，一个具有完美主义特质的演说者。他是一个浪漫的梦想家，同时也是一个凌厉的实践者，把梦想融入艺术，用艺术表达梦想。就此，本书对乔布斯的演讲技巧和方式进行了详细的分析，找到他演讲成功的奥秘所在，通过对他的演讲技巧和谈吐风格的展示和延伸解释，来与读者进行一次深刻的“对话”，让读者对演讲有一个全新认识。本书内容深入浅出，相信每一个关于乔布斯的演讲细节都能为我们带来启发，帮助我们提升自己。

[第1章]

模拟幕后

[第2章]

设计精彩的开场白

[第3章]

展开演讲路线图

[第4章]

展示你的独一无二

[第5章]

演讲就是与听众的意识博弈

[第6章]

把握吸引听众的技巧和时机

[第7章]

把演讲做成一部电视剧

[第8章]

让多媒体“返璞归真”

[第9章]
营造轻松的演讲氛围

[第10章]
把产品带到现场去

[第11章]
让听众所见更加信息化

[第12章]
那些“超酷”的词汇

[第13章]
“三点的技法”

第 1 章

模拟幕后

每一个细节都精益求精

在演讲台上我们看到的乔布斯，似乎总是一副很随意的样子，穿着一套很随意的衣服对新产品或者个人经历进行介绍。很多人也会因此得出结论：乔布斯都是即兴演讲的。实际上，情况恰恰相反。

朋友评价乔布斯说：他追求完美卓越的品质已近乎疯狂。的确，乔布斯是一个对细节精益求精的人。在演讲的彩排过程中，每一个小小的演示，乔布斯都力求做到完美。他并不是做任何事情都能一次做到最好，他通过某种方式不断地完善自己的技能，并经过反反复复的练习才将自己的水平提高到完美的境地。

乔布斯在评估和开发潜在新产品的时候，总是拒绝使用市场调研以及观察机构，而更乐意相信自己对完美的直觉。他曾说："很多情况下，人们在见到一件新事物之前是很难说出自己到底想要什么的。”乔布斯把完美和卓越当成他毕生所求，尤其是在演讲过程中，他对演讲的设计环节、细节的处理都要做到完美无缺。他的偏执和疯狂，使得他人生中的成功远远超过了失败。

曾在苹果负责Mac OS人机界面设计小组的瑞茨拉夫说：“乔布斯会一直深入到每个细节里，详加勘察每一方面。如果演讲过程中与预计的有出入，那些负责人就会挨顿臭骂。”

令人难以置信的是，在一次演讲过程中，为了将最好的一面呈现出来，乔布斯带着苹果公司的演讲团队竟然排练了两个星期，以达到令其满意的程度。

计算机和幻灯片的设置都是演讲中很重要的部分，乔布斯要求员工在演示的过程中做到万无一失。不仅如此，乔布斯还坚持将演讲的每一个环节改成希望的样子，演讲团队不得不修改了一个又一个版本。

苹果公司演讲团队的一个员工说，乔布斯会在演讲的前两天反复练习，并不断征求在场员工的意见，精益求精：“在演讲的前一天，事情都已经准备得十分完备，但是乔布斯还会要求再彩排一遍，并且，在整个彩排过程中，他都会格外专心，将所有精力都放在苹果产品的内涵上面。他的这种精益求精的精神让人极为感动。”

乔布斯是一个给苹果带来重要影响的人，也是一个对自己要求十分严格的人，正是他对自己和周围的人的严格要求，这些演讲才变得更加完美。

乔布斯坚持“把事情干得漂亮些”，不仅是因为他对完美主义的追求，而且是他自信的体现——因为相信自己的能力，所以才对自己做出严格的要求。而他这种“干得漂亮些”的思想也深刻地影响了苹果的员工，成为他们的工作动力，成为苹果公司企业文化的一部分。乔布斯有着无可挑剔的品位和卓越的设计感，而这些正是来自他想把事情做得漂亮些。我们如果希望在演讲中达到像乔布斯那样的境界，那么必须学会像乔布斯那样精心地对待排练，对每一个细节都严格要求。

乔布斯的演讲看上去轻松、随性，那是因为他在幕后煞费苦心地花大量的时间精心准备。

曾有人这样赞扬乔布斯的演讲：“每个幻灯片都优雅得像是诗歌的片段。即便是大多数人不屑一顾的细节，我们也花几个小时的时间反复推敲。史蒂夫不遗余力地为演讲作准备。我们一起精心策划、协调、编排所有的元素，使一切看起来更加真实。”

想要演讲成功，就必须接受这个简单的原则——对每一个细节都严格要求，这样的演讲自然会从平庸之作中脱颖而出。

疯狂的彩排

乔布斯的演讲一直是人们津津乐道的一个话题。在很多粉丝眼中，乔布斯就像是一个摇滚明星。人们都说，乔布斯是一个具有宗教色彩的人，他的演讲会像是一个传播会。他的崇拜者通过网页、播客、电子邮件等形式将演讲的资料传递到世界各地，宣传乔布斯的道义和精神。

毫无疑问，乔布斯是一个很优秀的演讲者，他的演讲生动风趣，演讲内容也丰富多彩，最重要的是他能通过一种很明快的方式将非常专业的演讲内容展现出来，从而抓住听众的眼球，赢得良好的社会效应。乔布斯的演讲之所以取得那么大的成就，这一切归功于他在演讲前精心的准备。

苹果公司举办各种重要活动或者召开新产品的主题演讲会前，乔布斯就会在公司发布召集令，将大家召集到一起开始筹备演讲会的彩排节目。每次演讲的彩排，乔布斯邀请的参与者不仅是公司参与演讲的员工，还有一些是公司各个部门的主管。曾经有一个苹果公司销售部门的主管来参加演讲彩排，他在彩排现场看到乔布斯和他的演讲团队忙得不可开交，每一个环节乔布斯都要亲力亲为，甚至演讲的场地他都要提前参观和检查。

乔布斯的确为演讲会投入了很大的精力，与苹果员工讲话的时候，他说："演讲固然很重要，演讲前的彩排更加重要。"由此可见，他并没有把演讲的成功当成想当然的事。事实上，乔布斯在演讲过程中表现出来的轻松、不拘小节和亲和力都是长时间精心排练的结果。

一个苹果公司的员工回忆说："这些演讲看上去只是一个身穿黑色上衣和蓝色牛仔裤的人在谈论新的技术产品，真实情况是每场演讲都包含了一整套复杂、精细的商品宣传、产品展示。"

乔布斯通常提前几个星期就开始为演讲作准备，检查要展示的产品和技术。为了5分钟的舞台演示，他的团队曾经花了数百个小时作准备。在演讲前，乔布斯用整整两天的时间反复彩排，咨询在场产品经理的意见。在幻灯片制作方面，他亲自撰写并设计了大部分内容，为的就是使演讲内容更加完美。

在为发布麦金塔电脑的演讲进行的一次彩排中，按照之前的设计乔布斯话音一落，新款电脑就要从一块黑色幕布后面滑出。但乔布斯对当时的照明状况不满意，他希望光线更亮一些，出现得更快一点。照明演示的工作人员一遍又一遍调试，始终不能让乔布斯满意，而他的情绪也越来越糟。最后终于调试好了，乔布斯在礼堂里兴奋得狂叫。

乔布斯之所以这么重视彩排，是因为在他看来彩排有着独特的作用：即使在演讲会之前进行100次彩排，第100次的时候也能发现需要改正的地方。显然，通过彩排他可以发现演讲中的问题并想办法解决这些问题，从而使演讲更加完美。如果一次彩排都没有就直接上去演讲，那么这100次彩排中出现的问题都会在这次演讲中出现。一旦思路打结，演讲人就会开始慌乱，这往往导致随后的演讲中有更多的错误出现。

演讲并没有特定的规律可循。彩排也不例外，演讲者只要对彩排时出现的状况进行调整就能很快扭转形势。彩排的次数多了，对于演讲的程序会愈加娴熟，这样即使在台上出现错误，也能很快地反应并改正。所以，乔布斯才会在每一次演讲前花费大量的时间和精力去疯狂彩排。

伟大演讲的要素

乔布斯的演讲被誉为伟大的演讲，经过有关专家归纳，他的演讲之所以有说服力、影响力，能够成为成功的、伟大的演讲，主要是因为他的演讲底稿包含了五个成功的要素。想要成为优秀的演讲者，用掷地有声又条理清晰的话语替自己赢得一场又一场战役，以下五个要素是必备的条件：

1. 精悍的标题

当乔布斯推出iPhone手机时，他大声宣布："今天，苹果重新发明了手机！"这就是他的标题。标题的作用是紧紧地抓住听众的注意力，使人们集中精力听演讲。标题的意义就是：你想带给观众的最伟大的想法是什么?

在演讲中，为了让人们对标题有清晰的印象，标题应当简短易记，并以主谓宾的语序出现。简短有力又具有吸引力的标题，容易抓住听众的好奇心，从而使得听众注意力更集中，更容易被演讲者打动。

2. 充满激情的声明

公共演讲之父亚里士多德称："成功的演讲者都有一种精神病态，对演讲主题充满了难以置信的激情和热度。"乔布斯几乎每一次作演讲时，无论主题是发布新产品还是介绍自己的生平，都能表现出不可思议的令人眩晕的兴奋感。苹果的员工、乔布斯的朋友，甚至包括一些采访过他的记者都认为，乔布斯身上那种旺盛的精力和热情令人神往，让人禁不住为之倾心、着迷。这也就是比尔·盖茨和阿梅里奥所说的"乔布斯魅力"之一。

站在演讲台上，如果演讲者只是干巴巴地把稿件上的文字一字一句地读出来，再字正腔圆，也不会有感染力，所以激情几乎是演讲的必需品。

如果我们演讲的时候，完全释放自己的能量，像乔布斯一样大方地和听众分享活力和激情，他们会因为我们的兴奋而兴奋。

3. 三条关键信息

在演讲现场希望在场的听众接收到什么信息呢？我们在演讲之前要找到让听众感兴趣的关键信息。抓住演讲的主要信息，在演讲中要做到使他们不用翻看笔记就能很容易地回想起信息的内容。在乔布斯的演讲中，我们可以发现，他的演讲内容不仅清晰流畅，在阐释问题的时候，他会将重点内容分成三点表述出来，这样听众在接受信息的时候，能依赖短时记忆记住这些要点。所以，我们在演讲的时候需要用大量的素材来论证要点并加深听众的记忆。

4. 隐喻

亚里士多德说，隐喻是“迄今为止最有意义的手法”。隐喻是比喻中的一种，是指用一个词或短语的突出之处来指代另一事物。在演讲以及其他的宣传中，人们常常把隐喻当作一种表达方式。乔布斯在与人交谈或者演讲中也常常用到隐喻。在一次关于苹果电脑的采访中，乔布斯说：“苹果电脑是我们能想到的最好的一个工具，我们的苹果电脑就是现代人们的自行车。”他的这一隐喻说明了苹果电脑的普遍性，以及电脑在日常生活中有着重要的作用。

我们在准备演讲的时候，不管是演讲底稿中还是口头表达中，隐喻都是一种很实用的传播工具。它将隐喻创造者的经验和隐喻接受者的经验相互融合，也是很有说服力的一种工具。

5. 演讲和修辞

如果平铺直叙如同闲话家常一般作演讲，这样的演讲效果肯定不会很好。所谓演讲，其实就是在公众面前将信息有效地传达出去，这个有效——不仅仅是形容传播过程，也要追求传播效果，为了达到这个效果还应当做什么呢?

毫无疑问的是演讲内容，除了在演讲中准备故事之外，还有一个重要的手段，就是修辞手法。

没有修辞的演讲不是演讲，就连布道和讲课有时候都需要多种方法并用，何况演讲? 排比、列举、反问……这些统统可以用在演讲当中。

在演讲的时候，要尽量将这些元素融入演讲之中，将其绘声绘色地表现出来。这样的演讲才会更加有趣，更有吸引力，更有现实意义。

10000个小时的成功定律

没有人生来就是专家，乔布斯是一位非凡的演说家，但他的成功并非因为他是个演讲天才，而是因为他坚持不懈的练习。

1984年，苹果公司推出麦金塔电脑，当时参加麦金塔产品发布会的乔布斯对演讲还没有经验，演讲的技巧也并不十分成熟，但当时大多数听众都认为乔布斯的演讲是一次精彩的演讲。在演讲中，乔布斯运用设置悬念、喜剧元素等方式将产品很好地呈现出来。不过乔布斯本人对那一次演讲并不满意，他认为自己还有很多地方需要改进和提升，之后他不停地练习演讲，并不断提升自己的演讲能力，逐渐形成了自己的演讲风格。

到1997年，苹果公司在波士顿举行麦金塔大会，当时刚刚重返苹果公司的乔布斯在大会上探讨了苹果公司如何重现生机的措施。时隔十几年，乔布斯的演讲更加优美和流畅。他与听众之间的交流十分轻松，没有距离感。对他来说，舞台好像已经多余。很明显，他已经能够轻松地将自己的魅力释放出来，将热情传递给听众，这无疑与他十多年不间断的练习有关。

又一个10年，到了2007年，乔布斯在麦金塔大会上的演讲更让听众惊讶，跌宕起伏的演讲情节与他举手投足之间迸发的热情糅合在一起，让他的演讲更加迷人。他所呈现的幻灯片也给听众一种美的视觉享受。

没有人生来就会演讲，没有人不经过练习就能成为一个成功者。正是20多年的努力和反复练习让乔布斯成为一个富有激情、热情，能够充分驾驭舞台，展现自我魅力的伟大演说家。

西方怪才马尔科姆·格拉德威尔曾说："即便是具有天赋的音乐人，他们在进入专业的音乐学院接受训练之后，每个人的前途也有可能大不相同。其中很大程度上决定他们将来的是他们各自的努力程度。所有的实践都是从勤奋中获得的，越努力就越有可能成功。"另外神经系统科学家兼音乐家丹尼尔·列维京告诉我们："要在一个领域里成为专家，至少要经历一定时间的练习，这个神奇的数字是10000个小时。”

> 尽管有些人花费了10000个小时甚至更长的时间尚未获得成功，也有人不需要花费多少时间进行自我提升，就能达到真正的世界级专家水平。但不得不说，前者很可能是因为时机尚未成熟，后者则十分罕见。

这足以说明超长时间的努力是成功的必要条件。人脑需要很长的时间去理解、吸收消化所有必要的知识，达到真正意义上的精通，完成成为世界级专家所必需的知识储备。

古雅典著名的雄辩家德摩斯梯尼曾经是个口吃。他嗓音微弱，还有耸肩的坏习惯。在常人看来，他根本不可能成为演说家。但是，为了成为卓越的政治演说家，德摩斯梯尼作出超过常人几倍的努力，进行了异常刻苦的学习和训练。他曾抄写了《伯罗奔尼撒战争史》8遍，虚心向著名的演员请教发音的方法；为了改进发音，他把小石子含在嘴里朗读，迎着大风和波涛讲话，据说他的这个习惯保持了50年；为了去掉气短的毛病，他一边在陡峭的山路上攀登，一边不停地吟诗；他还在家里装了一面大镜子，每天对着镜子反复练习演说。为了让自己安心练习演说，他甚至把自己剃成阴阳头，这样就不会跑出去做别的事情……最后他的刻苦努力令他成了出色的演说家。

10000个小时到底意味着什么呢？我们来简单计算一下：10000个小时的练习强度相当于每天练习3个小时，或者一周练习20个小时，共计10年的练习时间。也就是说，一位专家在成为领域内出色人才时，必定付出10年甚至更久时间的努力。

其实，人真正的成功不是在完成“10000个小时的成功定律”就可以达到的，而在于他必须坚持不懈才会在自己的技术领域更加娴熟。正如没有人一生下来就是演说家，如果我们能付出常人难以想象的努力，同样可以达到顶级演讲大师的水平。

第2章

设计精彩的开场白

一开场就抓住听众的耳朵

2007年在麦金塔展览会的演讲会上，乔布斯一出场就对听众说："非常感谢今天在场各位的莅临，这一刻将是我们一起书写历史的辉煌时刻。现在，非常高兴见到大家来参加麦金塔展览会。"这段话很快抓住了听众的注意力，让听众心中多了一些期待，这一历史性的辉煌时刻是什么呢？之后，听众会跟着乔布斯的思路来听下面的内容。

乔布斯的演讲中常常用一个"重磅的"开头点燃听众的热情。开场白是整个演讲的第一部分，在整个演讲过程中占有举足轻重的地位。

好的开头，往往能唤起听众的兴趣和求知欲，紧紧抓住听众的兴头，让听众对产品产生强烈的好奇感。演讲词开头应该短小精巧，新颖诱人。

然而要做到开头出语新奇，语惊四座，并非一朝可得。那么究竟怎样设计和安排演讲的开头呢？常见的开头方式有下列几种：

1. 提问式开头

乔布斯在演讲的时候一开始通常会提出一个或几个人们普遍关注的急切需要解决的或者出乎意料、发人深省的问题，迅速地唤起听众的兴趣，引起听众深思，自然地激发听众的参与意识，缩短演讲者与听众的距离，使两者的思想感情得以迅速沟通。

在1997年的苹果年度大会上，乔布斯一上场就对听众说：“今天，我想问大家一个问题，你们是否真正了解苹果？对苹果公司的现状你们有什么看法吗？这就是我今天想要和大家说的重点问题。”

采用提问开头的方式，关键在于问题要提得好，提得恰当。提问的信息要与对象、场合相适应，要使听众感到新鲜、出乎意料，能激发听众积极思考，而且与后面阐述的问题联系紧密，能巧妙而自然地引出演讲的主体内容。否则，泛泛地为提问而提问，问题设计不当，或者故弄玄虚，不仅不能使人感到新颖别致，反而会弄巧成拙，让人觉得浅陋俗套。

2. 故事式开头

乔布斯还会在演讲开始的时候讲述新近发生的奇闻怪事、令人震惊的重大事件或生动感人的故事，这种开头，由于故事具有情节生动、内容新奇等特征，容易赢得听众的关注，并能造成悬念，激起听众的兴趣。

用故事触发兴趣的开头，要求做到：

（1）叙事简明扼要，短小精悍，不可冗长拖沓。

（2）事情本身要有针对性，耐人寻味，能激发听众的兴趣。

（3）所叙事情要与中心论题密切相关。

忽视了这些，就可能弄成虎头蛇尾，开头云天雾地，海阔天空，而听众不得要领，不知所云。

3. 揭题式开头

提出一个惊世骇俗的观点，片语惊人，以揭示主题；或用平实的语言，从老生常谈的话题中揭示出富有新意的主题，构成揭题式开头。揭题式的开头，要避免冗长，同义反复。同时，在承接前面演讲内容时，要力求出新，不落俗套，不要矫揉造作，故作谦虚，也不要自吹自擂。

4. 明旨式开头

这是比较常见的一种开头方式。这种方式开宗明义，开门见山，概括主要内容，直接揭示主题，说明意图。

明旨式的开头，常常使用名言、警句、谚语等，因为这些话言简意赅，富有哲理性，发人深省，对演讲内容能起提纲挈领、画龙点睛的作用。明旨式的开头，要尽量做到集中突出，语言准确凝练，不宜拐弯抹角，过多渲染铺垫，否则就容易造成开头臃肿而与主体比例失调。这种开头方式往往在比较庄重严肃的演讲中使用。

5. 抒情式开头

这种开头意在渲染气氛，以情感人，使听众迅速受到情绪感染，注意聆听演讲内容。这种开头多采用排比、比喻、比拟等修辞手法，多用诗化的语言，有的干脆直接引用诗歌，因而自然优美，形象生动，引人入胜。抒情式的开头，一定要有真挚感情，不可矫揉造作。乔布斯是一个很善于抒情的人，在2011年苹果全球开发者研究大会上，乔布斯走上演讲台，面对大家说："上午好！谢谢大家！真的是太感谢各位了！我爱大家！太感谢了！你们今天能到这里来，对于我来说实在是帮助很大，我们今天要共同体验一个美妙的上午。"他的抒情拉近了他与听众之间的联系，在演讲者与听众之间架起了一道沟通的桥梁。

要想一开场就抓住听众的耳朵，好的开头必不可少。所以，我们在演讲的时候，要在设计开头上下工夫，这样的演讲才能收到好的效果。

不专业的专业介绍

很多演讲者在介绍自己产品的时候，会滔滔不绝地用专业术语来介绍，以此来显示产品的专业。与其他演讲者截然不同的是，乔布斯的演讲基本上不会出现那些令人心烦意乱的数据、统计资料和专业术语。

在2006年麦金塔大会接近尾声时，乔布斯又一次运用了其标志性的“还有一件事要向大家宣布”，他这次带来的激动人心的消息是给大家带来了新款的MacBook Pro笔记本电脑，这款电脑配置英特尔酷睿2微处理器。但是乔布斯并没有过多纠缠在技术上，只用了几分钟时间，概括了问题的关键，并描述了这款新产品实实在在的好处。

“有许多人在用PowerBook笔记本电脑时，会遇到一些恼人的小问题。”乔布斯说，“一直以来，我们试图将IBM的微处理器G5硬塞进PowerBook笔记本电脑里，这已经不再是秘密，但是由于它的能量功耗问题，我们现在已经不能这样做了。用如此小的空间来装G5是不现实的。我们已经尽一切可能设计得更巧妙，同时，我们也已向一切可能存在、至高无上的权威征询了意见。”此时幻灯片上显示了一张罗马教皇的照片，这个小幽默惹得全场哄堂大笑，气氛又一次欢快起来。

乔布斯解释说，用英特尔酷睿2双核微处理器取代现有的微处理器，是因为前者适合更小巧的笔记本电脑，同时能够带来更好的性能。

“今天，我们引入了一款新的笔记本电脑，我们称之为MacBook Pro，它采用了英特尔酷睿2双核处理器，和我们新的麦金塔电脑中的配置一样，这意味着每台MacBook Pro都有一对处理器。这对你而言意味着什么呢？它比PowerBook G4的速度快4～5倍！它是时代高精尖技术的集大成者……全新MacBook Pro是有史以来运行速度最快的苹果笔记本电脑，也是有史以来最精致轻薄的笔记本电脑。它的新功能会令你惊讶——独具匠心地采用LED背光技术的15.4英寸宽屏显示器，用更少的空间创造出相同的亮度，带给你如同电影院一般的显示亮度。这个显示器堪称美轮美奂，还内置了一个iSight摄像头（可视聊天摄像头）。现在即使在出差途中，也随时可以召开视频会议。这一切不是很伟大吗？走吧，召开视频会议去吧！天堂也不过如此。”乔布斯这样的介绍，听众并不会觉得枯燥乏味。

在乔布斯的演讲中，我们很少听到他使用死板的专业词汇。即使遇到一些产品的专业性问题，乔布斯都要用通俗的话给听众解释出来。

面对那些亟待解决的技术上的严重问题，乔布斯清楚这款产品对于听众的意义，这时他会让专业人士上台给听众仔细介绍，这样一方面对听众负责，让听众能对产品有更加细致的了解，另一方面也不会让听众觉得乏味。

乔布斯还知道听众的期待，他用他们期待的方法来发布会更有效果。我们知道，在演讲的时候没有人愿意去听对自己毫无益处的说教和解释。专业词汇适当表述一些会增加听众对产品的信赖度，但是一味地用专业词汇介绍产品会让听众觉得乏味。有时候，简单地描述一个产品，可能正是听众最需要的一种方式，这也给了听众听演讲的理由。

在演讲中，尤其是介绍产品和某一件事情的时候，多使用简单、清晰、有影响力的词汇，听众也会更容易接受。如果一个人演讲逻辑混乱、内容令人费解，全是专业性的术语和行话，这样就很难吸引听众并激发听众的兴趣。所以，为了赢得听众的信任和理解，我们在演讲过程中要尽量多使用简洁、感性的词汇来介绍产品，以产生不专业地介绍专业产品的效果。

第3章

展开演讲路线图

陈述大框架

演讲的大框架，是指演讲的主要结构或是主要内容。演讲的大框架，一般可以简洁地阐述出演讲的主要内容。陈述演讲主要框架，有利于听众很好地抓住演讲的主旨和精髓，也有助于听众尽快融入演讲内容中。世界上出名的演讲家，总是善于陈述演讲内容的大框架，他们在阐述详细的演讲内容之前，会对演讲的框架作简单的梳理和介绍，这样可以避免演讲中演讲者和听众出现思考节奏不一致的情况。

乔布斯一生做过的演讲无数，他的演讲多数是商业演讲会。听众对于商业演讲会的内容可能不是十分熟悉，乔布斯正是认识到这一点，因而他的历次演讲都会介绍演讲会的内容和结构安排。

陈述演讲内容的大框架，主要的优点有如下几种：第一，利于听众熟悉演讲的内容，让听众很好地融入陌生的演讲中；第二，利于演讲者吸引听众的注意。在演讲的开始，将演讲内容的框架作一简单介绍，有利于引发听众对于演讲内容的思考，准确了解演讲的主题。

在新款iMac的推介会上，乔布斯在演讲的开始，先从iMac的历程说起，他说："这款电脑一上市就取得了超过100万台的好成绩。"乔布斯并没有停留在这一点上作详细介绍，而是继续往下说："今天我想告诉大家的是，这个好成绩让我们很受鼓舞，我们在这台电脑的基础上推出了更好的产品。"接下来，乔布斯就开始介绍这一新的产品，他先介绍了这款产品的大框架："这是一台神奇的电脑，它拥有最高的配置。你想想，当你拥有一个平板显示器的时候，并将显示器的后面作为其他装置的放置点，这将是一件神奇的事情。并且，我们将光盘驱动器、硬盘驱动器、电源等所有装置制作成一个小巧的包装，放在显示器的后面。"

这件产品的大框架被乔布斯简单地陈述出来，接着乔布斯才根据具体的实例来分析这些配置的作用。

商业演讲会上，大多数人关注的可能都是公司的业绩和产品的销售量。试想，如果乔布斯没有这样做，而是将一张又一张枯燥而乏味的销售业绩表呈现在幻灯片上，观众的反响会如何？尽管销售业绩表是公司业绩和产品销售量最有力的说明，但对于大多数并不具备财务和经济方面专业知识的听众而言，这些密密麻麻、烦琐不清的数字又能代表些什么呢？除了增添听众主观上对演讲内容的厌恶之外，根本起不到任何作用。事无巨细地过分强调和说明，让听众深陷在一张张难懂的报表和复杂不明的业绩表数字之中，无法抓住演讲的精髓和主题，只会引发听众的厌倦和反感。

学会在合理阶段阐述演讲的大框架，是演讲者作好演讲的技巧之一。在向听众完整呈现演讲内容之前，对演讲脉络和框架作一个梳理和介绍，让听众对整个演讲有一个大致的把握，有助于听众对演讲作出整体判断和合理想象。

如果没有向听众阐述演讲的大框架，只是一味地陈述细节，听众会感到迷茫和厌倦，无法达到预期的演讲效果。

聪明的演讲者重视的不仅仅是几个小时的台上时间，他们更注重日常的积累和演讲前期的准备工作。充分而完备的演讲前期准备，是顺利而完美地完成演讲的重要保证。在演讲开始之前，梳理好演讲内容的大框架，练习用最精炼和简洁的话语，将大框架向听众作最简单和清晰的说明，演讲的效果定会事半功倍。

最吸引人的演讲题目

举行一场演讲会，第一时间传达信息的是演讲题目，要让观众看到演讲题目就对演讲会抱有很高的期待，那就要求拟的题目必须达到先声夺人、引人入胜的效果。当然，要拟一个好的演讲题目并不是那么容易的事情，要经过深思熟虑才能达到好的效果。

很多演讲大师都很注意演讲题目的效果，乔布斯也不例外。他创建的标题具体鲜明，通常会语出惊人，用一句简单的话就能概括出整场演讲会的主题，并且能把主题的特色描述得非常恰当。那么，我们如果想要拟出让人过目不忘的精彩标题，具体的方法有哪些呢?

1. 要调动听众的情绪

乔布斯在2007年7月的演讲会上推出全新的iLife08软件，他提供的题目是："这让Mac用户更加爱他们的Mac，也给

PC用户更多的理由转而爱上Mac。”这一有趣的标题很快吸引了听众的注意，让听众的情绪变得兴奋起来。

想要听众对演讲有兴趣，首先就要有一个幽默轻快的标题，让他们觉得标题有意思，才会引起听众的关注和期待感。

2. 要抓住听众的好奇心

如果一场演说的题目就能引起听众的注意，并且让他们的兴趣逐步增加，就说明我们拟的题目勾起了听众的好奇心，设下的悬念使他们的心仿佛悬在半空中，急切地等待接下来的内容能为他们揭晓谜底。

乔布斯在推出新的MacBook系列电脑时，他打出的标题是：“业界最环保的笔记本电脑。”这其中的“环保”二字意味着什么？这是听众听到这个标题时头脑浮现出的问号，这就成功地勾起了他们的好奇心，达到了不错的效果。

3. 借助情景，自由联想

当然有时候也可以借助现场的气氛，临时拟标题，这样更能激起听众的共鸣，震撼听众的心，使演讲更加精彩。

4. 用故事或者寓言设计演讲题目

在演讲题目中融入故事或者寓言都是抓住听众眼球的方法。因为故事形象且容易理解，大部分的人都希望通过听故事来获取信息，尤其是跟自己亲身经历有关的故事，这样更能博得听众的好感，这样接收的信息才会印象深刻。

5. 题目中引用名言警句

名人说过的话更具有说服力，更能让听众产生共鸣。在演讲的题目中可以适当地引用名人名言，因为一般的名言都是言简意赅、富有哲理的，不仅对演讲内容能起提纲挈领、画龙点睛的作用，还能使中心意思集中突出，语言准确、不拐弯抹角地直达主题，能让听众更加形象地理解演讲者的主题思想。

在演讲切入主题之前，不能绕太大的弯子，把时间过多地浪费在夸夸其谈上，要尽量把题目拟得简短一些，最好能用一句简单的话概括出自己的演讲主题，尽快打开场面，切入主题。

用轻松简洁的方式讲述细节

在演讲中，学会使用轻松简洁的方式来描述演讲细节，是一门优雅的艺术，也是演讲者应该具备的基本素质之一。乔布斯一生演讲无数，虽不能说每次演讲都能做到语惊四座，大家拍手称赞，但他善于运用轻松简洁的方式，带领听众以饱满的精神和极大的热情走入他的演讲中。

在一次介绍苹果电脑价格的演讲会上，乔布斯用极简洁的方式将演讲的细节呈现出来。他说："现在旧款20寸的销售价格是1799美元。而我们新款的电子产品具备旧产品的所有功能，但是我们打算用1699美元的价格进行销售，我们确信这是一款非常成功的产品。"乔布斯的这一介绍话音刚落，听众席上就出现了很强烈的反响。对于听众来说，这几句最简洁的话语是最让人兴奋的。

轻松简洁的方式，并不是简单地意味着话语很少。轻松简洁的语言，主要是指，用足够少的通俗且精练的语言来表达演讲中的细节问题。

从这里可以归纳出轻松简洁的方式有两个主要特征：

其一，语言通俗易懂。演讲稿通俗易懂，是对演讲者最基本的要求。很多生僻词也许可以很好地表达演讲者的意思，但是这并不为大多数人所习惯和认可，听众在理解演讲内容上会存在困难和障碍，一个听众无法听懂的演讲无疑是失败的。因而，轻松简洁的方式首先要具备语言通俗和普遍这个特点。

其二，语言的规范化。演讲者的语言如果不够正规和规范，整个演讲都会因之失色不少。试想，一个连语言的表达都无法规范的演讲者，何来个人魅力和语言上的说服力？如果演讲者的语言不够规范，这也就在无形中注定了演讲的失败。

乔布斯的演讲一向以轻松简洁为主，他说话通俗易懂，介绍产品的时候很少采用专业性的术语，而是采用一些听众更易理解的词汇。在2001年苹果公司推出的ipod的介绍中，乔布斯是这样为听众介绍这一产品的。

他说："我们为什么需要音乐？人们都热爱音乐，也要能从音乐中感悟生活。音乐是我们生命中的一部分，它也能点缀我们的生活，也是人们发泄情感的一种宣泄方式。音乐不是一种赢利的手段，它是我们生活的一部分。在世界各地，人们都需要音乐，但是并没有人将数字音乐推广。在现在的这个数字音乐革命中，并没有人找到传递数字音乐的秘诀。但是，我们找到了。它就是我要向大家介绍的产品ipod。"

我们知道，音乐一直是人们喜欢的一个话题，人们喜欢音乐，享受音乐。所以，乔布斯拿音乐这个话题来宣讲，吸引了听众的好奇心。他的语言表达十分顺畅并且简单有力。这就是他演讲的魔力所在。

在演讲中，演讲者保持清晰的思路，将思路用简洁规范的语言表达出来，是完成演讲的基本要求，是演讲者应该具备的素质之一，也是使演讲生色的重要保证。

在进行演讲之前，演讲者要作好充分准备，将自己在演讲中可能涉及的事例和话题进行仔细思索，以便在演讲中能够流利而简洁地表达自己的观点，阐述演讲相关细节。

每个人都不是完美的，但只要坚持学习和奋斗，学会基本的生存和生活技能，生命就会充满简单和快乐。就如同演讲一样，轻松简洁的方式反而更容易带来成功。乔布斯是演讲台上的成功者，亦是生活中的赢家，他懂得用轻松简洁的方式看待和处理事务，生命中充满简单而美好的快乐。

不批评旧的事物，又能巧妙地凸显新事物

不批评旧事物的同时，巧妙地凸显新事物，体现出演讲的技巧，这是演讲的一种表现方式。不要妄下断言，批评旧事物，褒扬新事物，因为所有的新事物都是在旧事物的基础上发展而来的。旧事物为新事物的产生作足了贡献和铺垫，才有了新事物的顺利诞生。我们要充分肯定旧事物的地位和意义。

经过最初的几次演讲后，乔布斯发现这样一个不可避免的问题：在商业演讲中，总是避免不了介绍自己公司的新产品、新技术、新成就等，而这无形之中产生了与同行公司的竞争，关于新产品的竞争、对于新技术的比较等。如何在演讲中避免与同行正面竞争的尴尬，同时又保证对自身新成绩的肯定呢？乔布斯的演讲给出了答案。

不批评旧事物，又巧妙地凸显新事物，注意不要两极

对立。

所谓两极对立，是指出现演讲者一味夸奖新产品全然成功，并批评旧产品毫无优点可言。以贬低他人来抬升自身的做法是不道德的，这样的演讲者无疑是愚蠢和失败的。

这样拉大新旧产品之间距离的做法，不但没有成功凸显出新产品的优势，反而会引发听众的厌恶之情。

乔布斯在宣传新款麦金塔的演讲会上，并没有强调自己公司研发出的新款麦金塔较之市场上现存的麦金塔产品有何出色之处、现存的麦金塔有哪些缺陷等，而是反复强调新款麦金塔采用了哪些新技术，有哪些好处和便利。乔布斯的做法是明智的。他的聪明之处就在于，没有将新产品的推销建立在贬低现有技术和其他公司的基础上，这样的做法反而会引发听众的思考，思考新旧产品之间的区别，听众很快就会发现与老产品相比，新产品存在的优势。

乔布斯演讲时，会充分肯定老产品的价值和意义所在，然后再来宣传自己公司的新产品，介绍自己公司新产品所采用的技术和员工付出的努力，打动在场的听众。

乔布斯的做法在赢得新厂商支持的同时，也感染着使用旧款麦金塔产品的听众。使用旧款麦金塔产品的听众不但没有反感乔布斯对于新产品的推销，反而会冷静思考新产品的好处。乔布斯认为，参加演讲会的听众，大部分存在着一种批判的眼光，他们在演讲中对演讲者处理得不好的地方很敏感。批评和指责总是存在的，聪明的演讲者总是能学会“兼听”，不管批评是好的还是坏的，他们会在自身的表现中寻找出遭到批评的根源所在，然后加以改正，令自己不断地成长。

新事物战胜旧事物而存在是生命不断发展和繁衍的规律所在。现阶段所谓的新事物在不久的将来也会成为那时的旧事物。心存善念，兼容并包，也是在为自己的产品留条后路。谁也无法确定，是否在将来的某一天，演讲者曾经慷慨激昂地批评过的旧产品，摇身一变进化成新产品，而演讲者口中的新产品在那时成为旧产品而遭到严厉的批评。

不批评旧事物，是演讲者个人素质的体现，凸显新事物是演讲者个人能力的表达。在演讲会这一公开的场合下，演讲者除了展示个人的口才之外，还要向听众展示自身良好的人格魅力。不随便批评旧事物，是对他人的尊重和劳动成果的肯定，也是演讲者自身素质的良好体现。

在短短几个小时的演讲中，任何一个演讲者都不希望因为自己言辞中对旧事物尖酸刻薄的批评而为自己招来反对者，甚至是敌人。

提问可以当作一种好的过渡

乔布斯在演讲中并不是一直自言自语地陈述自己想要表达的内容而不管观众的反应，他喜欢适时地抛出一些问题，让观众和他一起思考，将观众更好地带入到演讲当中来。这些问题当中，恰到好处地引进对手（或问题）可以唤起观众的正义感，使其紧密地团结在英雄（或解决方案）的周围。几次演讲下来，他发现这种方式几乎屡试不爽。

乔布斯很喜欢根据这种经典的故事模式策划激动人心的演讲。例如，在他最得意的演讲——2007年麦金塔大会iPhone手机的发布会上，在30分钟的时间里，他花了3分钟解释为什么iPhone产品时代已经来临。

他对听众说，即使市场上出现了很多强劲对手，iphone手机依然是智能手机的领航者。为了让听众感受到iphone手机的魅力，他开始了与观众之间的互动。

他提问："该如何与iPhone手机进行人机互动呢？"

初次和这款手机接触的观众当然没有人能回答出这个问题，其实乔布斯已经准备好答案，这就是："我们将使用世界上最好的定点设备——一种我们与生俱来的定点设备。我们生来就有十指，我们将用我们的手指。"

这个答案非常发人深省且让人印象深刻。他的这组问答让观众记住了iPhone。

我们身处于一个信息爆炸的时代，每时每刻几乎都有新的产品，甚至是具有跨时代意义的产品面世，但是并不是每个产品都拥有获得消费者青睐的机会。这是为什么呢？

除了这些产品本身是否符合市场需要的原因之外，重中之重便是产品的所有者或者是负责宣传的人有没有利用产品的优势进行宣传。

如果有些负责产品宣传的开发团队正在看这本书的话，如果你手中恰巧有一些没有推销出去，而你觉得明珠暗投的产品的话，不妨真正静下心来想一想，造成此种情况和局面的原因到底是什么？为什么那么好的产品，明明那么适合市场需求的产品却找不到好的销路呢？是宣传手段出了问题，还是发布会本身有问题呢？

但我们这里说的问题是默认同样规模的发布会上，运用截然不同的演讲手法可能会出现的差异。

以乔布斯在2008年推出的超薄笔记本Mac Air为例，毫无疑问，这台外形时尚功能强大的笔记本是当时世界的一个奇葩。但是如果那场发布会落入平庸之人的手中会如何呢？

我们来看看，在发布会一开始，必然是恭恭敬敬地致意，此后便开始拿出Mac Air的图片，对观众激动地展示产品的边框架构和内置，想必演讲者也会把重点放在“薄”这个理念上，但是如何薄、这样薄的好处，却无从得到答案。结果势必是演讲者一个人在台上自说自话，甚至被自己罗列的数字感动得热泪盈眶，但是台下观众毫无反应甚至味同嚼蜡，媒体回去也只会发篇通告，瞬间就被淹没在信息的汪洋大海之中。

但是乔布斯绝对不会这样，在一开始，他就抛出一个问题：老式的笔记本如何不好？在观众竭尽脑汁思考之后，他微微笑着用犀利幽默的语气将市面上的笔记本的局限说了出来，诚恳又精准，让人信服。然后他又问，新的Mac Air又好在哪里呢？他令人惊异地从一个牛皮纸信封中拿出了超薄的Mac Air，顿时人们眼前一亮，对世界最薄的电脑的概念顿时有了深刻的直观印象，在胃口被乔布斯吊起来之后，观众的眼睛和思绪就再也离不开他了。

其实那些来听演讲的人，他们当中并没有几个人想听演讲者的口才和表述能力，他们只关注他们想要关注的问题。比如，这个产品有什么吸引人的地方？这款产品是不是适合我？无论是苹果公司的产品还是微软公司的产品，抑或是其他任何公司的产品，人们在产品的宣讲会上真正关心的是如何解决问题——如何解决他们迫在眉睫的问题，从而使他们的生活更美好、更便捷。

就以智能手机为例，乔布斯向观众剖析了使用其他诸款智能手机的不便之处，甚至未来可能造成的痛苦感受，并告诉观众痛苦的原因（通常是由竞争对手造成的）。为了推进演讲（故事）的发展和过渡，乔布斯适时地提出了一个问题："为什么我们需要创建一个全新的革命性的用户界面？"他在给出答案之前先提出这个问题，他甚至针对自己的解决方案提出问题。当他介绍了用触摸屏取代键盘的概念后，他又使用了反问句："我们如何和iPhone联系呢？"

提问和回答，让消费者的欲望得到了充分的满足。这就是他作为杰出演讲者的不凡之处。

第4章

展示你的独一无二

一句话来描述你的产品

在乔布斯的演讲中，经常可以见到鲜明的标题。在苹果公司的发布会上，乔布斯一出场就能用一句精辟的话概括出产品的核心。

在很多演讲中，大多数的演讲者需要在演讲的开始或者高潮时候，用一句提纲挈领的话或一个引人注目的标题来概括演讲内容，让听众倍增好感。所以，很多演讲者在策划演讲的过程中经常会设计一些好的标题，一方面，这些让人一目了然的标题能起到引导读者的作用，另一方面，一个清晰的标题会成为这个演讲的中心，演讲的内容会围绕这个标题展开，演讲者要为听众描述他们的产品、公司或者服务都会通过这些标题体现出来。

对于苹果所有的产品，乔布斯都能用一句很精练的话来概括。在麦金塔电脑的发布会上，乔布斯是这样描述麦金塔电脑的：“世界上最薄的笔记本电脑。”

这句话一出口就被很多广告、网站、电子公告栏和海报采用，各大媒体不厌其烦地将这句话当作文章的标题，“麦金塔”一时成为最薄的代名词。

“欢迎参加2008年麦金塔大会。今天我们将看到轻薄得像飘在空气中的新款苹果产品。”

随着乔布斯经典的开场白，乔布斯的麦金塔主题演讲拉开了序幕，他将这次演讲的主题定义为“超薄笔记本的神秘面纱”。这一款“轻巧便携只有3磅重、最薄处只有0.16英寸的超薄电脑”是世界上独一无二的，任何一款便携式电脑都无法与之相比。

在乔布斯的介绍中，我们不难发现，这款笔记本不仅外观精美，还汇聚了所有笔记本拥有的强大功能。人们称之为“梦想之本”。人们用各种辞藻来形容麦金塔，乔布斯或许也看到了这一点，他找到了一个最适用的词汇来概括这个笔记本：“麦金塔，世界上最薄的笔记本电脑。”在他看来，这个他身体力行发行的电脑只有用他的“乔氏语体风格”概括出来才足够响亮。

在美国，假如用谷歌搜索“世界上最薄的笔记本电脑”，搜索引擎会出现将近20000条结果。即使是在中国用搜索引擎在互联网上搜索“世界上最薄的笔记本电脑”，也会弹出很多关于乔布斯这场麦金塔大会的报告。这一简单精练的描述，成为世界上公认的最能反映这个产品特点的标题。

乔布斯无疑是一个命题的行家。他一眼看透事物的本质，并将其精华浓缩成一句振奋人心的话，这不得不让人敬佩和膜拜。

乔布斯创立的标题具体、鲜明，让人难以忘怀。很多人在微博上转发乔布斯的标题，“乔氏语体”成为一时风尚。因为乔布斯的标题太抢眼，媒体甚至舍不得改动任何一个字眼就直接引用。

在演讲会或者是产品发布会上，一句显眼的标题很容易引起听众的注意。那么，如何用一句话来描述你的产品，让它吸引人们的眼球呢?

首先，要对产品的内部结构十分熟悉。这样演讲者在拟标题的时候才能找到一个十分精确的词汇来概括，听众心中也会为产品寻找一个恰当的定位，演讲者要概括恰当才能打消听众的顾虑。

其次，要有强烈的创新意识。听众一般会对新锐的词汇和有冲击力的标题感兴趣。如果你引用别人使用过的词汇，或者使用的词汇泛泛常见，这样很难引起听众的兴趣。

在演讲的时候，演讲者除了在台上的表演之外，台下的准备也是十分重要的。在准备演讲材料或者演讲词的时候，要有一个明确的标题和一句话概括这个演讲会或者要介绍的事物或事件，这样才会让听众有清晰的思路。如果听众听完演讲还不明白演讲者主要讲述了什么，这个演讲一定是失败的。

最后，只讲述新闻话题。听众参加演讲不仅因为演讲的本身很吸引人，很多听众希望能从演讲中听到新的内容，看到新的消息和新的视觉体验。要吸引听众的兴趣，一个重要的环节就是讲“新闻”。“新闻”其意是新消息，所以传递的必须是别人闻所未闻的消息，这样才会吸引别人。

凡是听众没有想到过的、没有发现到的、没听说过的内容，都会引起他们的好奇。好奇心驱使人们不断追求新的体验和新的创作。

演讲会上的新闻点就是引起听众追捧的热点。一旦有了新闻点，这个演讲就会变得很有趣，从而引起听众的关注。反过来，若是演讲内容一味“炒冷饭”，拾人牙慧，不仅难以引起听众的共鸣，甚至有些听众会觉得枯燥乏味而悻悻离场。

乔布斯的演讲会就深知如何运用新闻的作用炒热现场气氛。演讲会一开始，他首先公布新产品上市的新闻，先声夺人为新产品造势。“今天，我们要发布新产品Wide iPod。正好赶上了圣诞前夕，真令人高兴！新款的Wide iPod上市，确实是件振奋人心的事情！”

最振奋人心的消息，当然要最先公布。介绍产品特性之前，乔布斯先公布产品上市的新闻。只有听众有兴趣，才会愿意继续听他描述产品特性。“它有着绚丽而宽大的屏幕，就连制作相册的水平也是世上顶尖的。它音质出色，用户可以通过iPod播放音乐，也可以观赏Podcasts（播客），可以尽情地享受与音乐话题有关的所有事物。真是太棒了！目前为止，它是iPod系列产品中画质最棒的一款。通过这个宽大而又高品质的液晶显示屏，可以欣赏到之前产品无法比拟的高清图片。它在显示图片方面有着一流的水准。请看这里，一次就可以看到4个时区的时间，可以调节成各位想要的时区的时间，液晶屏幕如此宽大。真是棒极了！没有比这个更好的日历了。其中的游戏也是如此。它还安装了可以测定时间的计时表。用户可以通过表盘锁来锁定屏幕，可以不让别人随便看到各位的联系方式和日程表。总之，它拥有诸多附加功能。”

紧接着，乔布斯讲述新款iPod吸引眼球的几个新闻话题——新特性，“新”在何处：新添加的屏幕漂亮又宽大、音质一流、相册制作功能、音乐播放功能、Podcasts软件（是将苹果公司所提供的收音机、音响、摄像资料进行输出的一个软件）观赏、4个时区时间表、日历、游戏、计时器、锁定屏幕功能等内容，对听众了解的iPod的已有功能只字未提。

介绍摄像机时，他说：“下面介绍的是摄像机，2.5寸TFT液晶屏幕有着320x240的像素和26万色的清晰度，让人引以为傲。摄像机不仅漂亮，更重要的是，它可以支持H.264影像的瞬间解码功能。这是在Quick Time第7版中所使用的影像标准。它是目前国际上认可的标准，也是目前世界上最高水平的影像压缩技术。另外，iPod可以解码优质的MPEG 4影像。它还有图像视频输出功能，只需单独购买一根连接线，就可以通过电视机观看电视节目了。”

针对2.5寸TFT液晶显示屏、 320x240像素的显示器、26

万色的清晰度、H.264瞬间解码功能、 MPEG4解读功能、TV-out（图像视频输出）功能以及Movie（电影）、Video Podcasts（视频播客）、Music video（音乐视频）等功能，乔布斯一一作了详细介绍。同样，他没有提到产品之前的功能，而是一直在给听众讲述产品的新功能。

明日黄花永远是众人不屑的消息，吸引人的多是前沿的信息，新品发布不掺杂任何娱乐性，有的只是众人翘首以待的新特性，因此，演讲之中多提及新闻点可以提高人们对产品的关注度。

弄清楚在什么地方"抖包袱"

"抖包袱"是在演讲或者讲话过程中作一些铺垫和设置一些悬念，等到了一个时机，将这些设置很久的笑料和关键部分说出来，在听众中引起很强烈的效果。"包袱"一词原本是相声术语，主要是指经过严密的组织和铺垫，将相声推到一个高潮从而达到的喜剧效果。乔布斯不是一个相声演员，却是一个善于"抖包袱"的演讲者。

在乔布斯的演讲中，我们可以看出，在众多苹果产品和引用程序的优点和缺点中，乔布斯往往只介绍一点。将最精彩的地方展现给听众是乔布斯吸引听众的一种方式。

他说："如果全部都要介绍就会将所有的事情变得繁杂。用一个最简练的方式，只介绍一点，只强调一点，将最精彩的场面呈现给观众，听众自然会有兴趣去体验其他的精彩环节。"

在2006年苹果新产品的发布会上，苹果公司为听众准备了他们的音乐创作软件——"播客工作室"，这是音乐创作软件"车库"中的一个使用工具。它绑在一个名为iLife软件套装上，可以方便软件用户创建和分发多媒体资料。

在这次的演讲会上，乔布斯向听众介绍说："我们在'车库'软件中加入很多元素，但是今天我只介绍一种，这就是我们的'播客工作室'功能，并且我认为，这将成为世界上最好的创建播客工具。这一软件的诞生将会给世界带来一次大革命。"

接着，乔布斯走到舞台中央，站在电脑前，用四个步骤为听众创建了一个简短的播客。他还录制了一段融入搞笑元素的音频，观众被这个播客的播放逗得哈哈大笑，演讲中止了好几次。

在这个演讲会中，乔布斯为观众演示"播客播放器"是他为观众"抖包袱"的一个重要环节。在这个演讲会的记录中，人们将乔布斯"抖包袱"的这一段精彩环节录制下来：

“您好，我是史蒂夫，欢迎来到我的每周播客。今天这个环节我要告诉大家一个‘绝密’，这个‘绝密’其实是苹果公司的一个最新的谣言。因此，我这次带来的是苹果内部最可靠的绝密文件：下一代iPod是一个重8磅，屏幕达10英寸的大个子。好了，我的介绍完了。我们下周再见。”

乔布斯作了很长的铺垫，主要是为了介绍苹果的新产品iPod，这种“抖包袱”的方式不仅起到了引发观众大笑的效果，它的主要目的是让听众记住苹果公司的新产品iPod。

“包袱”是否抖得响亮，语言技巧很重要。很多人认为在“抖包袱”的过程中重点使用铺平垫稳的手法很容易取得好的效果。所谓的铺平垫稳是指演讲者在演讲中根据听众的反应细心揣摩听众的心理，适当耐心地运用语言，把一层层的“包袱”包好，在适当的时候解开才能引起满堂响应的结果。

演讲者为了不使听众在演讲过程中过于疲劳困倦，就要选择适当的时机抖出这些“包袱”以调节现场气氛。

第 5 章

演讲就是与听众的意识博弈

永远知道听众需要什么

1998年5月，苹果电脑的市场占有率曾降至4%以下，这个数字实在令人忧心。为了扩大市场份额，苹果公司大张旗鼓地推出了一款充满创意的一体机——全新麦金塔。它有着令人心醉的造型设计和让人振奋的强大功能，并且这款一体机从根本上改变了以往人与电脑间呆板的关系。它像绽放的鲜花一样点缀了人们的书桌和电脑桌，使人们的数码生活更加明亮而精彩。

当乔布斯在发布会上向人们展示这款划时代的半透明的新麦金塔时，他重点介绍了推出这一新款的原因，以及告诉所有人：苹果的目标市场和受益客户将会从这款全新的产品中体验到苹果机电脑技术已经完全成熟。

乔布斯对听众说："但我们仍然致力于满足客户的需求。排在第一位的消费需求告诉我们，消费者想要一款计算机，连接互联网时要求更加简单快捷。我们还针对教育领域设计出某款产品，如果客户购买这款产品，将能更有针对性地进行教学指导，在大多数的教学场合这款机器堪称完美。我们走出去调查消费者所能接触到的所有产品，它们都摆放在那里。我们注意到这些产品有些共同点：首先，它们的速度都非常缓慢，它们使用的都是上一年的处理器。其次，他们的显示器都显得相当寒酸土气，就像无法联网的老机器。陈旧的输入和输出装置，这意味着性能较低，且使用起来极为不便，所有这些东西都丑陋至极，不值得消费者拥有！下面让我给你介绍麦金塔。”

乔布斯从听众的角度出发，首先介绍了市面上老旧电脑给听众带来的烦恼，然后推出苹果公司为了改变用户体验推出的全新麦金塔一体机。在对市场已有产品的缺陷进行一番阐述后，乔布斯提醒他的听众注意一张他亲自手绘的路线图，开始详细地解释上面所列出的特点，并通过幽默的讲解让听众了解到新的麦金塔电脑速度飞快。它到底有多快呢？它快到让人尖叫——乔布斯这样形容。它有个“时尚靓丽、美轮美奂”的15英寸的显示屏，而且内存大得惊人，先进的设备组件使得学生和家庭用户访问网络更容易，最重要的一点是“这款电脑拥有世界上最先进的操作系统和软件，内在与外表同样出色”。乔布斯对产品的描述很快吸引了听众的眼球，他们迫不及待地想见到这款新产品。

紧接着乔布斯走到舞台的中心，将新款电脑的外罩扯下。又一次在吊足听众胃口后，让他们亲自接触这个被他称颂得如同梦幻的产品。毫无疑问，这场演讲大获成功。对于这次演讲及演讲中所推出的新产品成功的原因，乔布斯曾这样说："你必须从客户体验开始入手，从听众需要什么的角度寻找答案，而不是与此相反。"

的确，每一次演讲实际上就是在与听众的思想意识进行博弈。演讲者需要在一定的时间内通过情感、语言、智慧来影响和改变听众。

要达到这样的效果就必须明确几个问题：对于消费者而言，他们最想从商家或产品开发师那里获得什么？什么样的产品是他们梦寐以求的？他们被什么样的技术问题困扰？演讲者需要通过听众和市场信息来推测这些问题的答案，这样才能明确自己应该在演讲中传递给听众怎样的信息，将其中哪些作为重点。如果我们希望站在演讲台上向客户、商业合作伙伴介绍产品时，也能够像乔布斯一样成功，那么一定不能忘记去了解、熟知听众需要什么。

听众希望听到重要信息，了解到新的知识，同时希望演讲的气氛愉悦并且尽可能幽默轻松。他们希望了解演讲者的产品，了解它是如何制作的，并且希望这个学习的过程是充满乐趣的。但这些就够了吗？显然不是，其实最重要的是，人们想知道下面这个问题的答案：

为什么我应该关心这些？我能从中获得什么呢？

唯有当演讲者毫不迟疑地回答出这些问题时，演讲或者新品推介会才有可能成功。

“让我们凑近一些看看新款的麦金塔。”关于这个问题，乔布斯这样回答：“这对你的意义在于它是前所未有的，是足以改变世界的，它能为你带来……”乔布斯为他的听众理清了头绪，给出了答案。

虽然他可能使听众对未来的电子产业走向心存悬念，在看了那么多美轮美奂的电子产品后他们或许会迷茫，会像进入了未来世界一样不知所措，但是他从来没有使他的听众对产品面世的日期心存悬念。作为消费者，你为什么要关心苹果公司的新电脑、MP3播放器、电话或其他的小工具？关于这些，乔布斯都会告诉你答案。

这或许就是乔布斯演讲受人欢迎的原因之一。他紧紧地抓住了听众的感觉，知道听众想要什么。也只有这样，演讲者才能收到演讲想要达到的效果。

从听的角度说，效果会更好

演讲者站在演讲台上，如果一味地讲述自己要传达的内容，而不顾及听众的感受，很容易引起听众的反感。演讲的时候，从听众的角度出发，演讲才具有生命力。如果演讲只围绕着产品而讲，听众就会渐渐离去，你的演讲也就变成了独角戏，自弹自唱自听。

乔布斯是一位非常聪明的演讲者，他知道怎样让听众的耳朵竖起来。每次在推出新的产品时，他首先考虑的是苹果的新品给观众带来的最大的便捷是什么，他不会只靠单纯的言语来说自己的产品如何如何好，像一个推销员一样，他知道这样很难取得观众的信任。因此，乔布斯在新品发布会上最大的特点，就是从观众的角度出发，重点介绍观众对新品抱以期待的功能或者是便利。

乔布斯曾经在推出iPod的时候，通过一个小小的举动给现场的观众制造了一个非常难忘的时刻。这个新产品当时的硬盘容量是60GB，乔布斯抓住了观众的心理，他先介绍了这个产品的配置和价位。在每个部分快要结束的时候，乔布斯会采用概括的形式，将iPod的功能和优点重新整理一遍。他会讲到听众最感兴趣的地方，尺寸比之前更薄了，储存容量更大了，音乐、图片、视频影像都可以通过这个产品播放了，并且讲到产品变得更薄容量更大的时候，他还会采用幻灯片的形式将产品展示给听众，在场的观众为之疯狂。演讲会结束后，他又为消费者创造了一个奇迹。

这个简单的例子说明听众很在意自己能否从演讲者那里得到自己想要的信息。高明的演讲者会努力从观众的心理出发，让观众感觉到自己是在意他们的想法的。

演讲想要获得成功，演讲者需要以听众为中心，而不是以自我为中心，明白自己演讲的成败不是由自己来决定的，而是由听众的脑袋和心灵决定的。

因此，在演讲者和听众之间寻找共同语言，使听众和我们产生共鸣是演讲的一个基准。共同语言必须考虑到听众、场合等因素，可以寻找大家共同的经历和遭遇、目前面临的共同问题、共同的需要等，作为演讲的基调。

在大多数的演讲者都只是单纯地展示产品功能的时候，乔布斯已经开始展示这些新功能是怎样给人们的生活带来好处的了。当他在介绍iTunes中的电影租赁业务时，他说："我们一直在思索一个更好地把电影提供给大家的方式，我们不提供租赁音乐的服务是因为大家都想拥有这些音乐，这些歌你一辈子可以听上成千上万次，但是大多数人一部电影只看一次，或者不多的几次。这样看来，对电影来说，租赁就是一个好办法，不用花多少钱，不会占用你多少硬盘空间……"乔布斯简单直接地把产品能给客户带来的好处告诉他们，因此，他的演讲会一直会取得相当好的效果。

许多人无法成为一名这样的演讲高手，主要的原因是他们只会谈些他们自己感兴趣的事情，而这些事情却令其他人感到无聊透顶。演讲者若不能考虑到听众心中的必然倾向，便会发现自己面对的是烦躁不安的听众。

他们表现出来的厌烦的情绪、时不时地看手表的动作，都会对你演讲的自信造成打击。

把这种过程倒转过来，从听众的角度出发，让听众知道你的说话内容与他们有关，与他们的兴趣有关，与他们的问题有关，这种与听众的联系，就是与听众本身的联系，可以稳获听众的注意，演讲者与听众沟通的道路也会畅通无阻。这样的人将被认为是一位很好的演讲者——即使演讲时间很短。

让听众相信这是一个好主意

在我们平常的演讲中，表达自己的观点是非常重要的，而让听众相信自己的观点更加重要。在别人讲话时，完整地表述自己的意见并且让他们相信你的想法是最正确的，是一门语言的艺术，需要强大的自信心，并且真心地为自己的想法而骄傲。

乔布斯介绍iPad的两小时里，他完全掌控着整个场面。适时地吊起观众的胃口，再如变魔术一般拿出苹果公司开发出的最具魔力的产品：平板电脑。没有键盘，没有鼠标，只是一个便于携带的小小的电脑。当他宣布这款电脑的价格只有499~599美元时，他真正获得了整场观众的支持。

iPad的演讲中所传达出的信息，证明了乔布斯是一个很会传递商品信息的人，他让听众相信自己的意见，并接受这是一个好主意。

在长达30多年的时间里，他似乎总有本事让别人相信他正在讲述的是一个真正的好主意。

乔布斯在此类商业演讲中一直非常注重演讲的技巧。他总是能换一种方式来看待他的演讲方式，而且能站在听众的立场上告诉听众这一演讲的中心和目的，并让听众相信这是一个很好的主意。全世界无数公司，高管和创业者都试图解读苹果成功背后的秘密，从而再造类似于苹果的奇迹。他们拆卸苹果的产品来找寻苹果创新设计的蛛丝马迹；他们潜心研究乔布斯的一举一动，希望挖掘乔布斯思想中的端倪，但是终究没有第二个乔布斯出现。

乔布斯的演讲思想传达十分有力，足以说服投资人、员工和顾客支持自己的梦想，加入到他的征途中来。更重要的是，他懂得怎样告诉听众，他介绍的产品对他们来说是一个好的选择。

这种说服是一门科学，尽管它常被误认为是门艺术。很多有才能的艺术家都接受过技能训练，以更好地发挥天分。然而，真正享有盛誉的艺术家依靠的是天生的才能和创造力，这些是经他人指点也无法获得的。在演讲场合，演讲者需要将这种才能发挥出来，产生让听众信服的力量。那么，我们在演讲中怎样让听众相信我们说话的内容呢?

1.用事实和数据说话。事实和数据是客观事物的具体表现，比任何的描述和个人感受都更有说服力，同时也能增强自己的信心。沟通中最好站在听众的角度，事先考虑好听众会提什么样的问题。

2.以理服人，不能强加于人。“晓之以理，动之以情”说服的关键在于帮助听众产生自发的意志，激发其行动的力量，才能达到良好的说服效果。

3.知己知彼，设身处地。不仅要考虑清楚自己的想法与行动，也要通过各种方式了解听众的情况，以便慎重思考应对的说服策略。通过投其所好和强调双方的利益，以达到说服听众的目的。

4.步步为营，分阶段实施。将需要说服听众的问题，分解为几个不同的部分，根据不同的时间和对象，化整为零，分为不同的阶段实施说服。

5.说话要直截了当而且中肯。如果你想在你所说的各种事情上都取得驾驭人的卓越能力，一个最基本的要求：集中一点，不要分散火力。

6.不要夸口。不但永远不要夸口或者言过其实，而且在陈述你的情况时还要动脑筋为自己留有余地，这样你就不必担心会遇到什么责难。

7.对待听众不可盛气凌人。即使你可能是你要讲的这个专题的权威人士，你也没有任何理由盛气凌人地对待听众。

8.要有外交手腕及策略。老练是指在适当的时间和地点去说适当的事情又不得罪任何人的一种能力。要说做起来也很容易，就像你对待每一个女人都像对待一位淑女一样，对待每一个男人都像对待一位绅士一样。要为你的听众提出最好的建议，不要为你自己提出最好的建议。如果你能做到这一点，那谁都没有办法从你的脚下抢走一块地盘，你也就永远立于不败之地。

第6章

把握吸引听众的技巧和时机

说得多不如说得巧

在演讲过程中，听众的精力是有限的，如果演讲毫无节制，说得太多，听众就会出现精力不集中的情况。在这种情况下，演讲就需要想一些办法把听众的注意力吸引回来，否则就会导致演讲失败、会场秩序混乱。

俗话说，说得多不如说得巧。在演讲中，向听众灌输排山倒海的内容，让听众不知所措，不如通过巧妙的形式将话题简洁地展现出来。简约主义的美学风格是乔布斯在演讲中追寻的一大法则。

2007年10月，苹果公司准备在全球开发者大会上介绍“雪豹”操作系统。但是在这个演讲会中，乔布斯还要为听众介绍另一个操作系统，即用于Windows操作系统的Safari浏览器。同时将两样东西介绍给听众，需要演讲者牢牢抓住两个重点和契机，否则很难得到听众的认可。这个演讲会中，乔布斯是怎么样介绍这两项产品的呢?

乔布斯首先用了较长的时间介绍“雪豹”操作系统，使听众对“雪豹”操作系统有了基本的了解。当时听众并没有想到乔布斯还要为大家介绍另外一款产品——“世界上最富创新精神的浏览器”和“现在Windows操作系统中速度最快的浏览器”。在为大家宣布这一浏览器的消息之后，乔布斯走到舞台的另一边，坐在电脑前，开始为大家做示范。在示范过程中，他要向大家比较Safari与IE浏览器（IE 7）的速度。

在演示屏幕上，乔布斯同时开启了两个浏览器，利用两个浏览器加载一系列的网站。新的Safari浏览器在6.64秒中完成了任务，而IE 7完成相同的任务用了13.56秒。在强烈的对比之下，听众从“雪豹”操作系统中完全走出来，他们开始把焦点转向这个新的浏览器。这时，乔布斯说：“Safari是现在Windows操作系统中速度最快的浏览器。”这个演示一共持续了3分钟，乔布斯并没有通过过多的语言介绍这款浏览器的优点，而是通过演示突出它的速度之快，让听众信服。

不用过多的介绍，乔布斯的几句话已经巧妙地将Safari浏览器的好处公之于众。我们在演讲的时候，该怎样避免说得多的现象，巧妙地说出最重要的那个话题呢?

1.欲正故谬

当我们要启发听众思考某一个问题时，与其告诉他们答案或者给予提示，不如故意说一个错误的答案来刺激他们思考问题，因为当演讲者说错时，就能够激发他们思考的欲望。

2.欲实先虚

所谓欲实先虚，是演讲者为了让对方顺着自己的意愿来展开话题而设下的一个圈套。这是因为平铺直叙地将道理讲述出来，有时无法打动听众的心，不能引起听众的兴趣。这个时候，由演讲者先虚设一问，这一问乍一看与演讲内容毫无关系，或者让对方摸不清虚实，当对方出答案后，这种答案其实正是演讲者想要的，这时演讲者就可以抓住对方的话柄，以此为契机，得出想要的结论。这时，听众就无法否认自己刚才说过的话了。

演讲的方式多种多样，只要仔细琢磨，我们就能发现演讲中很多说话的诀窍。少说或者巧说是其中一种重要的技巧，它给人们一种言简意赅的听觉感受，也会增加听众的兴趣，让听众对整个演讲留下良好的印象。

通过认可来克服危机

一场演讲会，特别是商业演讲会，演讲者的语言表达是否足够精准和恰当，十分重要。如果演讲者措辞不当或是表达不清，很容易给企业带来信誉危机，从而影响新产品的上市。一代演讲大师乔布斯在演讲会上的表现，受到大家的一致称赞，因为他十分擅长处理危机问题，总是能从现有的成绩中找到克服危机的办法。

在苹果公司新产品Wide iPod的发布会上，乔布斯成功地通过大家的认可化解了新品Wide iPod上市的信任危机。乔布斯是如何做到的呢?

苹果公司的iPod Nano自从问世以来，它的优越性能得到了众多的称赞。而这次演讲会上的新品Wide iPod ，从研发到上市仅仅经历了5周的时间。短短几周的时间，经销商和消费者均对Wide iPod 的性能和品质产生了怀疑。经销商和消费者会对新品Wide iPod的品质产生怀疑无可厚非，毕竟只有短短三十几天的时间，新品Wide iPod的技术问题和性能实在无法让公众感到安心。在这场发布会上，乔布斯巧妙地利用iPod Nano良好的市场口碑，为苹果公司的新产品Wide iPod化解了信任危机。

他援引社会各界、各大媒体对iPod Nano性能和技术含量的称赞，然后介绍了使用者对iPod Nano实际功能的评价，最后介绍了经销商对iPod Nano性能和销量的评价。乔布斯将社会各界对iPod Nano的评价，客观地展现在在场听众的眼前，让听众对苹果公司的上一代产品有更为深入的了解。而后，乔布斯在简单介绍了iPod Nano之后，开始介绍苹果公司的新产品Wide iPod。首先，乔布斯介绍了苹果公司研发新产品Wide iPod的主要动力和目的。乔布斯在演讲会上强调，iPod Nano在上市还不到17天的时间里，销量就已经超过百万部，鉴于此，苹果公司及时推出升级版Wide iPod，继续推进强势的市场购买力。乔布斯对演讲内容和结构的巧妙安排，增强了Wide iPod的市场信任度，化解了经销商和听众对苹果公司新产品性能和品质的怀疑。

听了乔布斯的演讲，听众在心里会形成这样一种观点：Wide iPod是继iPod Nano之后，苹果公司的又一力作，iPod

Nano如此完美，作为它的升级产品Wide iPod也不会差到哪里。特别要注意的是，没有证据的称赞和表扬不仅不能令在场的听众感到信服和信任，相反，这只会让听众反感。乔布斯也意识到这一点，所以在演讲中，听众十分注重这个细节。他以iPod Nano的销售量和媒体的评价作为证据，证实自己的说法，同时也增强苹果公司新产品的市场信任度。他尽量保持称赞和表扬的客观性，而非自己信口雌黄。

信誉是最好的宣传和保证，演讲者可以通过听众对自己的认可来化解和消除危机。但前提是，能让听众产生认可和信服的事例一定是事实，而非演讲者“急中生智”刻意杜撰的。

第三方的认可所发挥的作用

比起自夸，来自第三方的认可和夸赞往往更有说服力。在一些商业演讲会上，演讲者为了扩大新上市产品的销路，极力推销自己公司的新产品或是新技术。在这种情形之下，即便演讲者口才很好，在演讲中夸夸其谈，也未必能取得听众的认可。听众更相信的是客观的事实，而非演讲者对自己公司的无限夸赞。因此，成功获得来自第三方的认可十分重要。

在一般的情况下，听众很难完全相信演讲者的话语，特别是商业演讲中，演讲者关于商品性能和售后服务等优惠条件的介绍，很难令在场的听众全然相信。

大部分听众会对这些优惠条件产生怀疑，不敢轻易去相信这些优惠条件在实际生活中能兑现。不可否认，商业演讲会中，演讲者总是尽最大的努力来夸赞新产品，难免有一些夸张的成分，因而在场的听众会产生怀疑的心理也是情有可原的。如何消除听众的这种疑虑心理，让演讲取得最大的成效呢？乔布斯的商业演讲会为我们给出了答案。

苹果公司的电子产品以高端的性能和合理的价格，在市场竞争中取胜。在苹果公司推出新产品iPod Nano的演讲会上，乔布斯通过第三方认可的形式来赢得在场听众的认可。其实，凭借苹果公司的威信，只要乔布斯在演讲会上对新产品的性能略作介绍，其效果也是非同一般的。然而，凡事追求精准和完美的乔布斯，仍然坚持以第三方的认可来打开iPod Nano的市场，获得在场听众的支持和信任。通过引入相关媒体的评价，乔布斯将iPod Nano 的高端性能真切地展示在听众眼前。这就是所谓的“第三方的认可”。

尽管iPod Nano本身的科技含量和功能具有很强的说服力，但是要做到让在场听众认可这一事实，还是需要一定的演讲技巧。首先，介绍产品的特性和优点，以高品质的产品和热情的服务打动在场听众；其次，说明与这款新产品相关的优惠或便利条件，以实际利益引诱听众；再次，保证在场听众一旦消费，就可以得到这些优惠或便利条件；最后，以实际证据证明上述三点的客观性和真实性，特别是要拿出第三方支持和认可的证据或实例。

在乔布斯的演讲会上，他为了充分证明iPod Nano的高端性能和科技含量，引用了《CBS新闻》、《今日美国》、《纽约时报》、《华尔街日报》等知名媒体对iPod Nano的赞扬之词。尽管赞扬苹果公司新产品iPod Nano的媒体众多，但为了增强演讲会的威信和可信性，乔布斯仅选取了几家比较知名且有影响力和公信度的媒体评论作为第三方认可的证据。将第三方的认可告诉大家，以公开的方式展现在听众眼前，比演讲者的夸夸其谈更有说服力。

在这里选择怎样的媒体评论作为第三方认可的论据，乔布斯也煞费苦心。要注意，他选择的媒体除了符合知名度高和具有公信力之外，媒体的数量也不要过于单一。如果他仅选择了一个或是两个媒体作为第三方认可的证据，即便是选择的媒体很著名，公众也很信任，但是整个演讲会的可信性也会大打折扣。

第三方认可既避免了演讲者自卖自夸的尴尬，也为演讲者的话语提供了实证。它增强了演讲者话语的威信，也增强了演讲会的可信度。

第7章

把演讲做成一部电视剧

寻找戏剧化元素

乔布斯不仅是一个好的演讲者，也是一个编剧、导演、演员和幕后设计师。在舞台上，他能够将戏剧中的“英雄和恶棍”，“正面角色和反面人物”，这些不该在演讲尤其是商业演讲中出现的戏剧化元素带入科技演讲之中，并成为演讲中的重要元素。

> 乔布斯的演讲中，总会戏剧化地出现一个英雄和一个恶棍，一个剧中主人公和一个大反派。当然，在乔布斯的剧本中，英雄的位置永远留给了苹果。

在一次有关iPad的演讲会上，乔布斯将一款上网本的设备设计成演讲中的反派。乔布斯是怎么设计这样的反面角色的呢？他首先给大家展示了一张幻灯片，上面有两张图片：左边是一部iPhone，右边是一台上网本，中间有一个大大的问号。同时，他给听众提出了这样的问题：“为了创造出一类新的设备，必须保证这类设备在某些关键任务的使用效果远远优于其他设备，比笔记本电脑要强，比智能手机也要强。是什么样的任务呢？”

“比如说浏览网页，收发电子邮件，欣赏和分享照片，观看视频，欣赏珍藏的音乐，玩游戏，阅读电子书。如果非要创造出第三类设备，一定要保证其在这些任务上比笔记本电脑和智能手机表现得都出色，否则根本没有理由去创造。现在有些人已经想到，是不是上网本呢？可问题是上网本在哪方面都没有优势。它们速度又慢，显示效果又差，而且还在运行着PC上那些老旧笨重的软件。它们仅仅是更廉价的笔记本电脑而已，我们觉得它够不上第三类设备。但我们认为自己已经创造出了这种东西，愿意在今天第一次展示给大家，我们管它叫‘iPad’。”

我们知道，平板电脑的诞生在当时是一个时代的创举，但是乔布斯戏剧化的演讲方式更为平板电脑的面世创造了足以引人注意的效果。

显然，作为反面角色出现的那台上网本是编剧乔布斯为了烘托出正面角色的出场而设置的。

在乔布斯的演讲中，扮演反面角色的并不是具体的竞争对手，而是一个个在科技发展道路上误导或限制人们的障碍。

乔布斯在评论其他的上网本的时候说：“我不想制造500美元的垃圾。”如果没有乔布斯设计的反面角色，人们是否能领会苹果产品的卓越意义呢？或许通过其他的途径也可以达到这个目的，但乔布斯的做法无疑是最有效、最快捷的。他用自己的智慧创造了一系列戏剧化的场景，让精心打造的苹果系列在刚出世就熠熠生辉，被人们所称赞。

从某种意义上说，如果没有这些反面角色，也就不会有苹果，至少是如今的苹果。乔布斯通过他“英雄主义”色彩的戏剧化演讲，唤起了电脑带给人们的美好感受。他带给人们的不仅是一个单纯的产品介绍，还是一场具有戏剧性的电影盛宴。在演讲中，我们如何像乔布斯一样寻找演讲的戏剧化元素呢？

首先，设计戏剧化的剧情。每一场演讲会都会有自己独一无二的主题，我们根据主题设计一个戏剧化的环节，让演讲更加贴近生活，打动人心。

其次，注意讲话的逻辑。要让演讲具有戏剧化元素，说话的逻辑顺序十分重要，如果一个环节衔接不当，就会出现断层或者重叠的环节。所以，在演讲中，我们要理顺说话的顺序，保证演讲程序通畅。

戏剧本身是来源于生活而高于生活的艺术。在演讲的时候加入一些戏剧艺术元素会让原本枯燥平常的演讲更加饱满、有感情、有张力。所以，寻找一些戏剧化元素是我们演讲的一个重要表述方式。

利用上场人物来构成电视剧情节

在乔布斯的演讲中，我们常常看到类似于电视剧的情节，听众跟着乔布斯设定的环节感动不已。乔布斯在设定自己演讲主题之后，常常将演讲当作一次电视剧的制作，他用严谨的电视剧脚本和结构来面对听众，打动了成千上万的听众。

在听众眼中，乔布斯是一个十分严谨的演讲者，他从不草率地对待任何一场演讲，也不会敷衍听众。为了能从头到尾抓住听众的心，乔布斯在演讲会前作了很充足的准备和缜密的计划。在这场电视剧式的制作中，利用上场人物来制作电视剧是乔布斯演讲中的一个重要环节。

在一次与音乐相关的演讲会上，演讲已经到最后，乔布斯向听众说："现在剩下今天的最后一个环节了，我知道这个环节你们一定会喜欢的。这个环节是我们的一个加演节目，是一个非常棒的节目。”

接着屏幕上出现了“安可”这样的字眼。“安可”这类的字眼大多出现在演唱会上，这种类似于电视剧或者电影的环节在演讲会中出现，让听众多了一些期待。这时，乔布斯在听众的欢呼下请出了一个新的上场人物——爵士乐音乐大师温顿·马沙里斯。

听众群中发出一阵惊叫和欢呼，这种情景和演唱会现场有些相同。接着，大家听到乔布斯说："大家都知道，到现在为止，我们的产品和音乐有着很大的关联，所以，此时此刻再没有比邀请世界级的音乐大师来演奏更加幸运的事情了，我们真的非常幸运。”

接着乔布斯示意听众安静，他打开幻灯片为大家介绍这位音乐大师。在这里，乔布斯同样利用环环相扣的方法，从温顿的出生讲起，再到他是如何迷上爵士乐的，最后乔布斯还讲了温顿取得的一些成就，以及现在从事的各种活动。整个演讲流畅通顺，像是讲一个动听的故事。听众觉得自己不是来听乔布斯的产品发布会的，更像是看一场电影。

温顿的演奏马上就要开始了，乔布斯结束了自己的演讲。但是，温顿像是被乔布斯的演讲迷住了，他本来已经将小号放在嘴边，作好演奏的准备。但是，在演奏开始前，他突然拿开嘴边的小号，面对听众说："这真是一个了不起的演讲。"

在这个舞台经验十分丰富的演奏大师眼中，乔布斯的演讲会让人更加感动，他设计的这些精彩的画面和连贯的故事情节，让很多听众动容。

在一般的演讲中，很难见到这种将演讲做成电视剧短片的形式。乔布斯是一个想象力十分丰富的人，他随时将上场人物贯穿其中，丰富地展现演讲的特色。他的演讲更像是一个非常成功的演出，给听众留下了深刻的印象。

从演讲的模式来讲，温顿不仅是邀请来的一个演奏者，还是演讲会的一个环节的演讲者。这种艺术式的演讲模式让听众更专注地融入其中。

那么我们在演讲的时候，怎样让自己的演讲更加形象化、情景化呢?

首先，在邀请上场人物的时候，要对上场人物的信息十分了解。一个新的人物上场必然会引起听众的注意，如果这个人是知名人物，我们要作好准备工作，看这位人物与这个演讲会的关系，从这一关联点来介绍这一人物才能起到推动演讲会的作用，这样的演讲也会有戏剧效果。

其次，要想达到电视剧的效果，应根据电视剧的制作环节，环环相扣，这样才能说服听众。如果我们在演讲的时候，很突然地请出一个嘉宾，听众会觉得莫名其妙。就像我们看电影的时候，没有介绍和背景的描述，新角色的出现会让人困惑，找不到头绪。

乔布斯利用自己独特的视角将演讲会和表演紧密地联系起来，在演讲中为大家带来强大的视觉冲击。不仅如此，他一人扮演着编剧、导演、演员等角色，将上场的人物与演讲巧妙地联系起来，这也是乔布斯演讲的精妙之处。

像制作电视剧一样制作演讲

韩国演讲家金炯泰在评论乔布斯的演讲中有这样一段话：“他的演讲不只是一个演讲会，更像是一部完美的电视剧。他的演讲就像是为观众准备的表演，是超乎想象的精彩节目。”乔布斯的演讲大多通过电视剧的编排方式突出演讲的内容，这种环环相扣的演讲方式像磁铁一样吸引着听众的心。

在演讲中，很多演讲者会使用多媒体来增加演讲的趣味性。苹果公司的主题演讲会常常通过这些视频影像资料将演讲搞得有声有色。乔布斯是一个利用多媒体的行家，他利用多媒体将演讲变成一场电视剧。

在电视剧中，一件事情的发生有时间、地点、人物、情节等。它兼容电影、戏剧、文学、音乐、舞蹈、绘画、造型艺术等诸因素，是一门综合性很强的艺术。乔布斯在恰当的时机在舞台上将演讲的内容展现出来，使演讲也成为一种适应电视广播特点、融合舞台和文艺的艺术样式。

在一次关于iPod的主题演讲会上，乔布斯对iPod产品的介绍已经结束。这个介绍占据了演讲的大半时间，听众在这个时候已经开始觉得倦怠。这时，为了调节一下演讲的气氛，乔布斯打开了他的多媒体，面向观众说："为了让大家更加了解我们这些产品，我还为大家制作了新的广告，现在展示给大家。"

乔布斯的话音刚落，场内的灯光开始变得暗淡，人们就像是进入了一个大的剧场。会场大屏幕上出现了非常流行的美国歌唱组合"u2"的主唱bono的镜头，人们看着他们在多媒体上演奏当下流行的热门歌曲，感觉是在剧场观看MV。正当听众沉浸在音乐中的时候，只见摄像镜头越拉越远，bono出现在iPod里，接着屏幕上面出现了一句标语"用你的眼睛看音乐"。

很显然，听众对这个广告片的反应十分热烈，他们忍不住欢呼鼓掌。刚才的困倦被广告一扫而空，仿佛一个广告给了他们很大的能量。然而，这只是一个开始。接着，听众又看到乔布斯放出的第二个广告。

乔布斯说："这个广告将剪影广告发展到一个新的台阶，今天，我想为大家介绍这个新的剪影广告。"这时听众看到一个暗色剪影出现在屏幕中，镜头拉近，听众看到美国著名流行歌手艾米·纳姆出现，只是他的形象在暗色轮廓的处理下，与白色的iPod形成了鲜明的色彩对比。

在这场视觉盛宴中，听众感受到乔布斯丰富的想象力。感叹之余，听众不得不承认这不仅是一场演讲还是一次艺术的盛宴。具体来说，乔布斯带来的视觉冲击都体现在哪些方面呢？

首先，乔布斯善于利用远景和近景的切换。在大屏幕中，乔布斯大多采用中近景和人物特写。他的特写镜头在视频中频繁出现，而且延续时间很长，这在电视剧中除了有突出强调作用外，还是叙述剧情的一种重要手段。

其次，电视剧通常源于生活而高于生活。人们在电视剧面前会觉得荧屏与听众之间的距离在缩小。乔布斯的本色上场更让他的舞台艺术生活化、形象化，也更能让听众信服。

乔布斯戏剧化的演讲为听众留下了深刻的印象，人们也因此记住了乔布斯这位演讲者，他在舞台上宣传产品的同时也无形中为产品打上了艺术的烙印。

上演“人生历史剧”为观众留下感动

2005年，乔布斯在斯坦福大学毕业典礼上的演讲震撼了很多人的心，也感动了很多听众。对乔布斯来说，他所经历的只是一些稀松的小事，但是，对于现在的我们来说，这些经历都是传奇。他的这部“人生历史剧”让人听了禁不住感慨良多。

演讲一开始，乔布斯讲述了自己年少的经历。“我在里德学院待了6个月就办休学了。到我退学前，一共休学了18个月。那么，我为什么休学？这得从我出生前讲起。

“我的亲生母亲当时是个研究生，年轻的未婚妈妈，她决定让别人收养我。她强烈觉得应该让大学毕业的人收养我，所以我出生时，她就准备让我被一对律师夫妇收养。但是这对夫妻到最后时刻反悔了，他们想收养女孩。所以在等待收养名单上的一对夫妻，我的养父母，在一天半夜里接到一通电话，问他们:‘有一名意外出生的男孩，你们要认养他吗？’而他们的回答是‘当然要’。后来，我的生母发现，我现在的妈妈从来没有大学毕业，我现在的爸爸则连高中毕业也没有。她拒绝在认养文件上最后签字。直到几个月后，我的养父母保证将来一定让我上大学，她的态度才软化。

“17年后，我上大学了。但是当时我无知地选了一所学费几乎跟斯坦福一样贵的大学，我那工人阶级的父母将所有积蓄都花在我的学费上。6个月后，我看不出念这个书的价值何在。那时候，我不知道这辈子要干什么，也不知道念大学能对我有什么帮助，只知道我为了念这个书，花光了我父母这辈子的所有积蓄，所以我决定休学，相信船到桥头自然直。

“当时这个决定看来相当可怕，可是现在看来，那是我这辈子作过最好的决定之一。当我休学之后，我再也不用上我没兴趣的必修课，把时间拿去听那些我有兴趣的课。

“这一点也不浪漫。我没有宿舍，所以我睡在友人家里的地板上，靠着回收可乐空罐的退费5分钱买吃的，每个星期天晚上得走7里的路绕过大半个镇去印度教的Hare Krishna神庙吃顿好料，我喜欢Hare Krishna神庙的好料。

“就这样追随我的好奇与直觉，大部分我所投入过的事务，后来看来都成了无比珍贵的经历。

“举例来说，当时里德学院有着大概是全国最好的书写教育。校园内的每一张海报上，每个抽屉的标签上，都是美丽的手写字。因为我休学了，可以不照正常选课程序来，所以我跑去上书写课。我学了serif与sanserif字体，学到在不同字母组合间变更字间距，学到活字印刷伟大的地方。书写的美好、历史感与艺术感是科学所无法给予的，我觉得这很迷人。

“如果我没沉溺于那样一门课里，Mac可能就不会有多重字体与等比例间距字体了。又因为Windows抄袭了Mac的使用方式，因此，如果当年我没有休学，没有去上那门书写课，大概所有的个人计算机都不会有这些东西，印不出现在我们看到的漂亮的字来了。当然，当我还在大学里时，不可能把这些点点滴滴预先串联在一起，但在10年后的今天回顾，一切就显得非常清楚。”

最后，乔布斯说：“你无法提前把点点滴滴串联起来；只有在未来回顾时，你才会明白那些点点滴滴是如何串在一起的。所以你得相信，眼前你经历的种种，将来多少会连接在一起。你得信任某个东西，直觉也好，命运也好，生命也好，或者因果报应。这种做法从来没让我失望，我的人生因此变得完全不同。”

> 演讲会就像是一个电视剧，它需要一个好剧本，也需要演员高超的演技，这样的电视剧看起来才会更加感人。

无疑，乔布斯是一个好演员也是一个好的导演，在他的剧本中我们看到的不仅是产品和宣传，它还蕴涵着很深的人生哲学。

如果想要打动听众，这个“人生历史剧”还需要很多元素：

首先，一个好剧本。我们知道，剧本是一种文学形式，也是创作的文字基础。在舞台上，演员根据剧本进行演出。与此同时，它还包括剧情发生的时间、地点，剧中人物的形象特征、形体动作及内心活动的描述，场景、气氛的说明，以及布景、灯光、音响效果等方面的要求。

其次，多次编排和表演。乔布斯是一个很重视细节的人，他每一次演讲都经过多次的彩排和演练，这样他才能在舞台上流畅娴熟地表演。

一个演讲会要打动听众的心，很容易也很难。在演讲中加入戏剧元素会让整个演讲会变得生动，这也是乔布斯演讲的独特技巧。如果一个演讲者在舞台上一味地介绍产品，听众会觉得枯燥无味，给听众上演一部历史大剧，你的演讲会就不会无趣了，相反，它是一部充满乐趣的感人的电视连续剧。

一个令人惊讶的情节

在同一时间、同一场合进行演讲（如演讲赛、竞职演讲、即兴发言等），由于受时间、地点、气氛及相同主题的制约，很容易发生“千人一腔”的“撞车”现象。在此情形下，要想取胜，就需要有一种“大路拥挤走小路，小路人多爬山坡”的创新精神。心理学研究表明，一个惊讶的情节刺激度强，而“喜新厌旧”又是人们与生俱来的正常倾向，因此，惊讶的情节成为一个演讲者演讲成功必不可少的要素。

在2007年麦金塔大会的序幕上，iPhone手机问世。乔布斯在开场会上向听众宣布说：“今天我想向大家展示四种东西，手机、照片、日历、短信，这些是普通手机所具备的基本功能。但是，今天我们将以一种异乎寻常的方式来告诉大家。”然后，他走到演讲台的另一侧坐下来，给听众留下一个清晰的屏幕。

这时，会场一片寂静。会场上只有乔布斯的声音在回荡，他说："你们现在看到手机左下方的图标了吗？现在，我们打开通讯录，我怎么打开通讯录呢？我只需要轻轻地滑动滚动条，如果现在我要给乔纳森打电话，我只需要轻轻地点一下乔纳森就会看到乔纳森的所有信息。现在我们试着打通乔纳森的电话。" 这时，会场响起了乔纳森电话的声音。

乔布斯紧接着说："拿着iPhone手机的时候，我内心十分激动。"刚说着，苹果公司一个员工的电话进来，乔布斯与正在讲话的乔纳森说"等候片刻"，然后在现场点开"一键会议"功能，就接起了这位员工的电话。这种呼叫转移的方式在当时还十分先进。听众都觉得十分惊讶，并在下面欢呼起来。

到这时，乔布斯并不觉得这一情节设计得令人惊讶。紧接着，乔布斯打开"摄像"功能，"我们有了有史以来最酷的照片管理应用程序，在移动设备领域，我认为这将会成为一个永恒。"乔布斯接着把图片库的功能打开，用手指压缩并编辑处理图像。"棒极了，不是吗？这是不是很棒？"

他接着说："iPhone手机能帮你实现最快的数据传输，实现浏览器和电子邮件的附件下载。它快得惊人。"

iPhone的这一效果，是当时的手机都没有的，苹果开辟了市场的一个新局面。对于当时的听众来说，iPhone手机的这一功能是他们见到过最新奇、最令人振奋的事情。于是，听众席上都发出惊叹声。他们对乔布斯的这一介绍方式和手机的新模式感到赞叹。

可见，乔布斯具有很强的创新意识和推陈出新的能力。我们除了逐渐培养自己的创新意识外，在演讲的时候，怎样抓住一个新起点，取得令人惊讶的效果呢?

首先，演讲者在演讲的时候要设计一个出其不意的环节，在没有任何铺垫的情况下，让听众接收这一信息。其次，可通过一个崭新的概念冲击听众的耳膜，让他们对这个概念进行自我认定。演讲者对听众的称呼，看起来是个很简单很平常的事，但如果称呼得体适宜又新颖别致，将会对沟通演讲者与听众之间的心灵起到微妙的桥梁作用。

演讲会上一个惊讶的情节不仅能让听众耳目一新，还会让他们难以忘怀。所以，一个新奇的情节对演讲来说十分重要。

在演讲中添加娱乐元素

日常生活中，我们常常会怀着一种严肃认真的态度去对待每一件事情，但是在商业演讲中，严肃认真这一法宝似乎并不完全适用。一场生硬而无趣的演讲往往最先起因于其表演内容的严肃、认真。内容影响形式，表演内容的严肃认真又不自觉地影响着演讲者以一种严肃认真的态度陈述其演讲的内容。演讲者认真严肃的声音、表情和态度使听众感到整个演讲氛围生硬、无趣。那么，演讲者要怎样避免演讲陷入这种沉重、生硬的氛围呢?

演讲作为演讲者的一场舞台表演，不仅仅需要演讲内容的别出心裁，更需要演讲者引人入胜的表演。这种表演既承载着听众对于演讲的兴趣与期待，同时也担负着给予听众一种快乐感的重任。

只有让在座的听众在演讲中获得真正意义上的快乐，这场演讲才称得上一场成功的演讲会。

如今的商务演讲会大多是过于严肃的宣讲会，其预期效果往往并不理想，如何让这样一种商务演讲会变得生动有趣，使人在聆听商务事务之余，也能感受到一种身心的愉悦呢？乔布斯的演讲会似乎轻而易举地实现了这一效果。我们以iSight发布会为例来看。

苹果公司出品的麦金塔电脑中安装了一个叫作“Photo Booth”的新软件，它的功能就是调节电脑里面的图片和静止图像。将这一软件和苹果开发出来的一款新型电脑专用摄像机iSight连接起来，会产生其他的功用。这是因为iSight作为一款电脑专用摄像机配置了与其他数码相机同样的功能，这种不同于一般电脑摄像机的功能使得其自身与“Photo Booth”连接时产生其他神奇的功能。

一个关于产品的宣传与演讲，最先摆在演讲者面前的任务是展示。为了更好地展示iSight的产品功能，乔布斯利用了Photo Booth软件，以自身为实例进行了各种各样的展示。乔布斯以打破一种严肃认真的演讲者形象，一种轻松搞怪的模特身份，做出各种拍照演示和照片调整，丝毫不在乎形象。这种打破以往严谨认真的展示流程和演示风格，使得演讲会现场笑声连连。

乔布斯作为苹果公司的CEO，其个人形象也是极其重要的，它不仅仅作为乔布斯个人的身份名片，更时刻影响着苹果公司的品牌形象，然而在这样一种正式、重大的新产品发布会上，乔布斯胆大心细地以牺牲自己个人形象亲自做产品演示的模特，这样一种超常的行为为他赢得了一场不同寻常的成功演示。这种成功在于：整个演示过程，在座的听众欢笑声不绝于耳。这对于整个演讲来说，不得不说是一个开心而成功的开始。

在对照相机功能的演示完毕之后，便是产品功能的科学解释环节。乔布斯选取了令大家最为惊叹的静物照相机的一个设计即闪光灯的功能。

众所周知，电脑通常所处的环境是室内，室内的光线条件往往不是特别好。而作为内置在电脑中的摄像机因为身居室内，其光线往往不够充足，如何处理好这种室内的光线问题以达到良好的拍摄效果成为众人关注的焦点。

乔布斯对此首先并没有作直接的解释，而是直接指挥操作人员，利用设置在麦金塔上面的基本软件，即Photo Booth

软件和内置iSight摄像机，现场做出展示。乔布斯首先坐在摄像机前面，连接着摄像机的显示器通过大屏幕将乔布斯的脸庞清晰地展示在大屏幕上。接着乔布斯对着显示器做出各种各样的表情，然后利用鼠标点击按钮，伴随着“一、二、三”的结束，乔布斯的一张照片完成了。最后这些照片会自动储存到Photo Booth下面的文件夹中。在结束了整个实验拍照后，这些照片被调出一一展示给大家看，演讲会所处的环境是一个剧场，室内所有的照明灯为了节省能量而将光线调得很低，但是被现场展示的乔布斯的照片却拍得十分清晰。为什么呢？原因当然是闪光的作用，在拍摄的瞬间，闪光灯会突然闪光，给予照相环境充足的光线以保证照片的效果。

那么iSight作为一款内置摄像机不同于一般的数码相机，其闪光灯在哪儿呢？

对此，乔布斯作出生动有趣的讲解：“当我们身处一个光线很暗的房间时，我们会想：‘要是有闪光灯该多好啊！’其实我们已经拥有了闪光灯，就是那些藏在显示器后面的光，它们非常耀眼，能照亮整个显示器，把它们聚集起来正好可以做内置闪光灯。天哪，多棒！”

随着乔布斯声音的落下，会场内响起阵阵掌声夹杂着阵阵惊叹和欢笑声，这些掌声、这些惊叹声、这些欢笑声，为苹果公司的想象力和技术创新能力，更为乔布斯欢乐的、直接的成功讲解。

从产品的展示到功能的讲解，演讲会才进行了大概6分钟，在这短暂的6分钟里，乔布斯时刻让听众感到一种愉悦与欢乐。

伴随着久久未落下的掌声，乔布斯进入了有顺序地介绍Photo Booth配带的各种照片拍摄模式，另外，乔布斯还有序地演示介绍了棕黑色调、黑白色调、彩色笔效果、紫外线温度照片、X–光线照片、与安德鲁·沃霍尔的作品相同的照片等各种照片效果。在这所有的介绍与演示中，模特一直是乔布斯本人，这种放低身段，以自身形象来娱乐大家的拍照展示使得乔布斯赢得了大家的掌声。

进入到演示Photo Booth后半阶段了，为了更好地介绍不同于前面几种拍摄模式的另一种专门为青少年设计的有趣的照片拍摄模式，比如Bulge（凸起）、Dent（凹陷）、Twirl（旋转）、Squeeze（挤压）、Mirror（镜像）、Light Tunnel（亮隧道）、Stretch（延伸）、Fish Eye（鱼眼状裂纹）等，乔布斯在坚持亲身上阵的前提下，更加放开自身，将自己作为讲解的道具，不停地对着摄像机摆着各种各样的姿势和表情，其中有大量搞笑的表情。这种轻松愉悦的亲自展示与表演，使得大家在为苹果产品折服的同时，更为乔布斯精彩、轻松、快乐的表演送来阵阵掌声和赞叹声，很明显，演讲取得了巨大的成功!

从乔布斯成功的演讲中，我们不难发现在演讲中，演讲者如果只是扮演单纯的演讲者往往会使演讲显得生硬、枯燥，但是加入娱乐元素往往会让演讲的氛围变得轻松活泼。那些可以让人们兴致勃勃的、感觉有趣的、沉浸在里面的、兴奋的、有魅力的、生动的、有号召力的、刺激的元素都可以看作娱乐元素，都可以在演讲中进行尝试。

娱乐，往往不是简简单单地让听众发笑，而是有内涵、有意义的快乐。首先，这些娱乐要与主题有关，反之，则会降低听众对于演讲者的关注度和信赖度，使得演讲陷入一种无边的插科打诨中。尤其是对待商务演讲会的轻松话题，既要与主题相关，又要有一定的技术含量，否则便会陷入一种无人理会的尴尬处境。

总之，在一些过于严肃枯燥的商业演讲会上，适时地运用适当的娱乐元素会起到活跃气氛、感染听众的作用。演讲者在进行一定的演讲主题时不妨插入些恰当的娱乐话题，让演讲一改往日沉闷枯燥的气氛，在娱乐中成功。

第8章

让多媒体『返璞归真』

让听众通过眼睛“拍出”图片

“一画胜千言”是人类对于优秀画作的高度评价，精美的画作在给人美的享受的同时，还能给人传达深刻的含义，胜过千言万语。达·芬奇《蒙娜丽莎的微笑》，是被世人推崇的杰作，很多著名画家都望尘莫及，画面虽然只是一位坐姿优雅、带着微笑的妇女形象，但是她表现出来的意蕴是人类对万物造化的一种赞美，这种形式比一般的文字艺术更易于被观众接受。有人这样说过：用千言万语都描绘不出一个人的形象，只能靠画出肖像才能真正地认识一个人，这就是因为画比文字更具有概括性和表现力。

事实确实是这样的，一张画比嘴上说出来的话、写在纸上的字更有传达力。因此，在演讲会上画或者说图片的作用更为强大，演讲者通常都会在演讲会上用到传达主题信息的幻灯片。乔布斯也不例外，他通常会用简单易懂又能传达主题的幻灯片，这样制作起来既简单，又能满足观众的需求。

乔布斯准备了一场新款iPad发布会，他在这次演讲会上的核心内容就是对新款iPad与旧款iPad进行比较，从而凸显出新产品的优势和进步，乔布斯在推出新款iPad时这样说道：“我们开发的新款iPad较之前的iPad，在外观上有了很大改善，你们看了一定会吓一跳的，那么我们作了哪些改变呢？请看大屏幕。”

屏幕上左半部分展示了新款30GB和60GB的iPad，右半部分则是20GB的旧款iPad，但看屏幕上的图片还看不出新款产品和旧款产品之间的区别，于是乔布斯解释道：“20GB的iPad已经是我们最薄的Wide iPod产品了，但是新款的30GB的产品比它更薄了，新款iPad的厚度比旧款薄了31%，并且它的存储容量比旧款容量增大了50%。”

单纯地靠演讲者的讲述是很难让观众感受到产品的变化的，所以，乔布斯准备了能让观众更直观感受到两种产品差异的幻灯片，观众可以用自己的眼睛去理解信息，传达的信息效果反而更好。

如果乔布斯只是用语言来告诉听众新旧两款iPad的区

别，他说："20GB的iPad厚度为1.54厘米，新款的30GB的iPad产品的厚度只有1.09厘米，它们两者相比新款比旧款大概薄了31%。"听完这些话，观众只会知道这两款产品有差异，但是差异到底有多大，他们头脑中不会有一个相当大的概念，这样观众就不能准确地意识到产品的变化，那么演讲的这个部分就不能打动观众，也达不到演讲的目的。

所以，演讲者在描述某种事物或者状态的变化时，最好用图片的方式来传达信息，这样更具有表现力，也让观众的感受更加直观。如果通过语言表述，听众要用耳朵听完，再用头脑来想象说话人所描述的内容。而眼睛看到的东西更容易被人理解，可想而知，语言文字肯定没有展示图片的效果来得好。同时，消费者通常认同眼见为实，只有通过眼睛亲自确认的东西，他们才会觉得真实可信。

因此在演讲中，演讲者最好把那些可以用图片展示的部分尽量用图片的形式展示出来，形式是多样的，可以是视频、幻灯片、产品实物等，这样既可以让演讲者不多费口舌，还可以让听众更轻松地接收信息，并且表达的效果更为直观，更容易被听众接受，还能给听众留下更深刻的印象。

加入视频剪辑

一般演讲者的演讲形式都只含讲演和幻灯片两种元素，很少有演讲者会在自己的演讲会上插入视频。然而乔布斯跟其他人不同，他非常认可视频的作用，他坚持认为视频是传达信息的一个相当有利的工具，他习惯于在演讲会中加入视频剪辑这一元素。

自从乔布斯第一次尝试播放了1984年超级杯赛中苹果电脑的传奇性的广告后，他看到了广告给他的苹果产品带来的巨大效应，就开始为自己每一次大型的新品发布会上嵌入相关的视频，有的是普通大众使用苹果公司新开发的产品时的欢快场面，有的是谈论使用苹果公司新开发的某一种新产品后的感受，有的时候会播苹果公司最新拍摄的电视广告，还有的是苹果公司工程师对新产品的总体介绍等。

2008年6月，苹果公司举办了全球开发者大会，在大会接近尾声时，乔布斯发布了新开发的产品iPhone 3G。他向观众展示了新品广告的标语："这一切终于到来——第一款与iPhone叫板的手机。"这款手机能以更快的速度连接到数据网络，成本却比已经在市场上出售的iPhone手机更低。它解决了消费者用手机上网慢的烦恼，更进一步完美地满足了消费者的需求。

乔布斯给观众播放了iPhone 3G手机的电视广告，时长32秒，在场的观众都聚精会神地看完了整个广告，都觉得广告非常棒。乔布斯开玩笑地说："大家看完这个广告是不是觉得很棒呢？我个人太喜欢这个广告了，我们要不要再放一遍？"这个广告给新品iPhone 3G手机起了一个好头，看完广告的观众已经对新品产生了深刻的印象，并且都想着亲自感受一下新款手机的性能和手感。这就为产品的出售做了一个很好的宣传。

在演讲的过程中插入视频剪辑，能给演讲带来意想不到的效果，甚至产生轰动。演讲者可以播放很多与演讲相关的内容，可以展示广告短片、产品介绍、员工感言、使用者使用该产品时的场面及使用后的良好感受等。

想要让观众充分体会到产品的优势，不是靠演讲者的只言片语就行得通的，为了让自己的话更有说服力，必须让观众听到客户对产品满意的评价，一般在客户不能到场的情况下，可以通过播放一个视频剪辑来增强现场效果，有时通过对视频的艺术处理，提升其感染力，观众才会更加有感触。

当然，在演讲会上如果要通过嵌入的视频剪辑来提升演讲的效果，就要控制好时间，如果时间太长，人的精力会因为疲惫容易分散，如果注意力不集中，那么不管视频做得有多么感人，对观众都会丧失吸引力，一般的宣传视频的时间要求控制在2~3分钟，电视广告则更短，通常只有几秒钟。

在演讲材料中，视频剪辑是很出色的宣传工具，这种方式非常诱人，不仅能对听众产生巨大的吸引力，紧紧抓住听众的心，自然地激发出他们的参与意识，成为演讲者与听众之间进行有效沟通的桥梁，还能调动演讲会的气氛，激起即将陷入疲惫状态的听众的兴趣和求知欲，把演讲会推向高潮，成为整场演讲会中令人难忘的环节。通过视频传达的信息也能让听众更容易接受，一般的听众都非常喜欢这种方式。因此，演讲者要习惯在演讲中播放相关的视频剪辑，这样才能产生更好的效果。

用空的画面聚拢听众眼球

在演讲会上，演讲者打开PPT时所发生的情形：一份空白的幻灯片，一大堆留白的空间，和孤零零的几个标题和副标题。

很多人都以为这样的幻灯片很不足，但是我们发现就连乔布斯的演讲PPT中几乎都没有出现几句话或者文字，这样制作幻灯片的原因是什么呢?

简约一直是乔布斯演讲追求的一种风格。

在2008年麦金塔大会乔布斯的主题演讲会上，乔布斯演说的时候说："在给大家惊喜之前，利用一点时间和大家一同回忆一下2007年。在2007的一年里，有了太多次的感动，这一年里我们推出了很多令人称奇的产品，创造了一个又一个的奇迹。特别是新品麦金塔，iPod以及iPhone的相继推出让人激动万分，一浪高过一浪。还有更多的产品，在这里我就不一一列举了，都足以给消费者带来巨大的刺激。”这么多演讲的内容，反馈到幻灯片上，只有“2007”几个大字。

“因此，2007年确实给我们带来了非常多的感动和神奇。在此我想借此机会向大家表示感谢！感谢曾给予苹果支持和帮助的所有人，向充满童话的2007年致敬！”讲到这里，屏幕上出现“谢谢”的字眼，也只是简单的两个字。

“今天的主要内容就是和大家进行4件产品的交流和分享。下面我们就开始进入正题，首先我们来介绍Leopard，可以说这是一件非常令人震惊的产品，在此我高兴地向大家宣布，这款产品发布3个月以来，已经卖出500万份，毋庸置疑，这款产品对Mac OS系统而言是历史上从来不曾拥有过的。这就预示着将有近20%的系统用户成功升级到Leopard。这毫无疑问地给我们和广大消费群体带来了惊喜。因此，这是一个令人无比激动的事情。”介绍这些产品细节的时候，幻灯片只是出现一个“1”字来突出现在讲的这一点的重要。

在演讲中，乔布斯从不吝啬自己的语言，但是他的幻灯片大多给人们一个空的画面，给听众一个想象的空间。

乔布斯根本不用过多地讲解内容，幻灯片上的只言片语已经能够充分说明主题了。并且，乔布斯的幻灯片与他的演讲节奏完全同步。乔布斯说："下面我们谈谈音乐。"幻灯片上就会出现"音乐"两个字，两者配合得相得益彰。

一旦我们熟悉了乔布斯的演讲，就会发现，事实上，在运用幻灯片进行演示时，大篇幅的文字和图片是沟通中最无效的形式。虽然我们都知道这是给听众看的，但是听众的心思大多会关注一些有趣的话题和主题，对那些冗长的信息他们会有排斥心理。所以，一个空白的画面未必比满篇字眼的幻灯片差。那么，我们在演讲的时候如何更好地利用PPT来吸引听众的眼球呢?

首先，制作幻灯片的时候做到"简化一切"。乔布斯的幻灯片具有极简主义美学的风格。他的幻灯片从来不包括与产品没有关联的信息。在幻灯片上，要尽量采用用短句代替长句的表达方式，短句间断在听众脑海中留下的时间长一些，让听众更容易回想起演讲的内容。

其次，幻灯片要少一些文字，多一些照片。乔布斯在苹果公司全球开发者大会上的幻灯片一共11张，其中只有一张带有文字，其他的都是照片。很多研究者表明，图片在大多时候对人们眼球的冲击比文字大得多。通过照片的形式将信息传递给听众，可以给听众留下更为深刻的印象。

在很多情况下，空白会给人一种高雅、清新的感觉。乔布斯这种“留白的艺术”不仅能让听众欣赏到简约的美，还能让人感受到他对空间的巧妙利用。在制作幻灯片的时候，视觉元素是我们应该考虑的一个重要因素。为了让人们的视觉效果更开阔，营造空间感是十分有必要的。让空的画面来吸引听众的眼球既是一种表达方式，也是一种艺术。

第 9 章

营造轻松的演讲氛围

避免堆砌术语

即便演讲者演讲的题目是一个过于专业化的问题或者生僻的论文，也要尽量修改演讲中的那些术语。因为它不仅不能帮演讲者演讲成功，甚至会让演讲彻底失败。

从乔布斯的演讲中可以发现，术语很少会出现在乔布斯的语言中。他的用词总是会话式的，在与人沟通时，术语和行话是毫无意义的，只会导致晦涩难懂。这样，演讲的说服力也会下降。

人们很少会在乔布斯的演讲中听到诸如“协同作用”、“原则导向”、“最佳组合”等语言。我们在平常交流中很少使用这样的表达方式，为了与人沟通的快捷，我们在演讲的时候尽量不要让这些词汇窜进自己的演讲中。

乔布斯从来不会用这样似是而非让人头晕目眩的词语来进行演讲，每次他发布新产品时选择的语言有三个特点：简单、具体并且充满感情。

简单：避免使用专业术语和多音节词汇。

具体：运用非常具体的短语以及简短、具体、切实的描述，绝无冗长、抽象的讨论。

感性：经常使用描述性的形容词。

这三个特点在他的演讲中体现无疑，例如在乔布斯对MacBook Air的介绍中："这就是MacBook Air，你可以感受到它是多么轻薄（具体的感受）。它有一个全尺寸键盘和显示器（简单）。这是不是令人惊异（感性）？这就是它的模样，是不是令人难以置信（感性）？它有一个漂亮的13.3英寸的宽屏幕显示器和全尺寸键盘（感性且具体）。我为我们的技术团队能成功地设计出这一不朽的作品而感到骄傲和自豪，我为能在这里展示它而激动不已（感性）。"

乔布斯也可以换另外一种方法，用大量的术语来堆砌形容这个笔记本是用什么材料做成的，尺寸是多少，代表着什么。同样的意思，但经过不同的语言组合，对听众产生的效果是不同的。乔布斯选择摒弃术语，这也是他能赢得听众的一个原因。

就连在为苹果争取一位CEO时，他说的都是“你是想余生一直卖糖水呢，还是希望能有机会做出改变世界的壮举”这样感性却发人深省的话。据他的一位同事介绍，他在形容自己的创意和产品时，从来都是用“太棒了”、“最强的”、“完美”这样简单易懂又令人激动、兴奋的词汇，虽然毫无疑问，他可以说得更专业一点。

乔布斯的演讲往往用词夸张，导致有些人可能会说：“乔布斯是一个炒作高手。”炒作的人一般都是在无中生有，但乔布斯所讲述的事实清清楚楚摆在那里，很难说他是在炒作。

例如，你很难和乔布斯争辩说最初的Macintosh电脑（第一款使用图形界面和鼠标的简单易用的电脑）算不上“超级棒”，MacBook Air之类的苹果超薄笔记本产品并不是薄得“令人震惊”。这些词语的确富有一定的煽动性，但它们又如此真实地对相应的产品进行了描述。

在发布会前后，乔布斯从来没有天花乱坠地大肆宣传，相反，他是运用标语和警句的大师，他用通俗易懂的语言成功地取代了任何宣传。语言是绝对能够点燃消费者的激情，创造一种“必须拥有”苹果公司产品的用户体验，就必须从客户的角度删除掉那些沉闷的术语。在这个世界上，大部分的商业语言都是枯燥、抽象且缺乏意义的，但从乔布斯嘴里说出来的商业语言永远不会沉闷。

这就是苹果或者说是乔布斯不可抗拒的魅力之一。苹果公司有一个崇尚语言简洁的文化环境，当然不欢迎深奥的术语和让人费解的废话，在这样的环境中使用术语和行话会受到惩罚。因为他们认为无止境地浪费他人的时间滔滔不绝地详谈可能会使你丢掉工作，至少人际关系会变得糟糕。

掌握控场能力

演讲者是一场演讲会的灵魂，是全场关注的焦点，因此演讲者的状态和能力显得尤其重要。一场演讲会要取得良好的效果，演讲者不仅要掌控好自己，安排好演讲内容，做到以理服人，还要有压得住全场的魄力，要善于察言观色，掌控好听众的心理变化，及时对自己的演说内容进行修改或补充，并适当地改变演讲形式。那么要成为一个优秀的演讲者应当具备哪些控场能力呢?

首先，面对观众的提问，能从容不迫地回答。

演讲时，有观众提问是常有的事情，演讲者能否巧妙地回答，这就要求演讲者具备良好的心理素质以及很强的临场应变能力。如果观众比较客气，提出的是有关演讲内容的知识性问题，那么只要演讲者对自己的演讲内容非常熟悉，肯定是很容易回答的，如果面对一些故意提出尖锐问题的观众，只要演讲者摆正心态，从容不迫，并以诚相待，采用巧妙的解脱办法，就算是转移话题，观众还是能接受的。

在2010年7月召开的一次演讲会上，乔布斯曾经遇到过这样的观众，他说："有用户反映iPhone 4中存在明显的缺陷，例如无线接收和屏幕变色的问题，你是怎么看待这些用户的意见的呢？"乔布斯听完这位观众的提问，从容不迫地回答说："我们就是要让我们的用户感到满意。"事后，他的"苹果不顾一切"（Apple against the world）的言论很快在各大论坛和视频分享网络上疯狂传播。这就是乔布斯的控场能力。

其次，要掌控好自己的情绪，拿捏有度。

在演讲过程中，无论遇到什么样的突发状况，演讲者是最应该保持镇定的，因为牵一发而动全身，台下所有的听众都在关注你的一举一动，如果演讲者具备良好的心理素质，控制好自己的情绪，那么台下的观众也不会惊慌失措，乱成一团，同时更能让观众看到自己的修养和气度，让观众产生敬意。

接着，巧用衔接，充分带动现场气氛。

演讲会上最忌讳的应该是沉闷的气氛，听众都无精打采了，就算演讲者再怎么精力充沛，也会被拖得没有心情继续讲下去，那这场演讲会必然是失败的。

所以，演讲者要运用多种形式来带动现场气氛，比如，讲个笑话、谈点趣闻、播放一个视频短片、做做现场演示等。这样既能把事情说清楚，也能激起听众的兴趣。当然，穿插进来的内容要恰当，不能太复杂，只要起到补充或者衔接的作用就可以，过多的话反而会喧宾夺主，误导观众的思维。

乔布斯的演讲会，一直因为他幽默欢快的语言而备受好评，他也经常在演讲会上穿插各式各样的衔接方式，比如插入一段产品广告、员工感言、客户感受等视频，当然幻灯片是他演讲会上必不可少的一个因素。有必要时他也会自己亲自演示新产品。

再次，面对失误，冷静处理，转危为安。

想在演讲会上不犯任何错误是不太可能的，就算是电视台资深主持人对着稿本播新闻的时候都有口误的时候，所以不能太勉强自己，重要的是意识到自己犯错之后怎么样去补救，而不是搔首挠耳或者站在那里一言不发，如果出现冷场的话，后果就严重了。犯一些小错误，只要不会对演讲造成很大的影响，那就顺其自然吧，观众迟早会忘了这档子事的。

最后，要有适当的手势，身体不能太呆板。

演讲者的动作也是向听众传达信息的一种途径，观众不是单纯地靠双耳的倾听来得到信息，也要靠双眼观察到信息，有时候演讲者的一个指引，观众的目光就会观察演讲者的手势在脑海中联想事物，这样更能使观众在脑海中留下深刻的印象，还能调动观众的积极性。

一场成功的演讲不管是对于听众还是演讲者都是一场享受。如果一个演讲者控制不住全场，那么演讲会的秩序必然会混乱。所以在演讲中要控制好自己的情绪和态势，拿捏好演讲的内容分寸和尺度，让听众信服，也就能真正地掌控整个局势。

把劝说的动机藏起来

现代社会，随着科学技术的发展，用于休闲娱乐的电子产品是越来越多了，而且越做越轻便，现代人都习惯用便于携带的多媒体播放器，这样非常方便，当然人们不仅仅满足于只能储存音乐的MP3，现在甚至要把图片和视频放入播放器中，可以随时随地地观看，于是出现了MP4、MP5等播放器，然而东西存储得越多，相对来说，播放器的存储容量也要相应增大。

乔布斯意识到当下多媒体产品已经远远不能满足消费者的需求，因此他在iPad的发布会上，恰当地使用了这个观点来讲述iPad的储存容量："我们新设计的iPad容量虽然只有30GB，但是，相比之前的MP3、MP4的128 MB、512 MB的硬盘容量，30GB已经算是一个天文数字了。"这个数字不能让观众很直观地感受到它到底可以存储多少音乐、图片或者视频，为了让观众更清楚地理解这个容量的大小，乔布斯站在观众的角度上开始作解释：“这款新的iPad产品30GB的容量，大概可以储存7500首歌曲、2.5万张图片或者75小时的视频。”乔布斯的这种说法，符合听众的理解方式，他考虑了听众的立场，告诉他们利用这个产品可以做什么，并且能给他们带来什么样的意义。如果乔布斯直接把产品的所有数据告诉给观众，却不能明确地告诉听众这些数据、这款产品将给他们的生活带来怎样的不同，那么听众脑海中对于这些数据产生不了任何概念，只是在脑子里堆了一堆数据而已。

乔布斯的这种讲解方式充分调动起听众的兴趣，接着他趁着观众精力高度集中的时刻宣布了新款iPad的价格。刚开始的时候，听众看到iPad的新颖设计和强大功能，都以为这款产品的价格肯定不会便宜。当乔布斯宣布这样配置的产品只要299美元时，场下观众震惊得发出一阵欢呼，谁会想到这款苹果公司的新产品的价格会与其他公司生产的MP3播放器的价格不相上下，作为苹果公司的竞争对手的其他公司生产的MP3播放器，比较高级的型号价格都定在250~300美元之间，相比之下，苹果公司对于新款iPad的定价，不得不让人惊叹，这真是用一斗米的钱换来了一壶油。不过，这也是苹果公司在美国市场上占有75%以上份额的主要原因。

如果一个演讲者只说产品的优势，或者直接劝说听众来买，会让听众对整个演讲产生反感情绪。劝说一个人最好的办法是将产品的优点呈现给大家，让大家主动来买。

每个厂家为新产品的开发和研制所作的努力都是为了满足广大消费者的需求，迎合消费者的喜好，如果只是从产品开发商和销售商来考虑的话，那么产品就会没有市场价值，因为消费者看不到厂家的诚意。

同样的，在一场演讲会上，如果演讲者一切以自己的私心为中心，只是单一地向观众灌输自己的思想，那么观众会对演讲产生反感。产品发布会原本的意图就是说服听众购买，但乔布斯在演讲的时候让听众觉得他并没有劝说他们购买，而是从听众的角度出发，向他们介绍此款产品将给他们的生活带来怎样的便捷和改变。乔布斯把劝说的动机藏起来，亦能让听众信服。

从演讲会的准备阶段开始，我们就不能暴露自己劝说的动机，有关听众的任何细节都要考虑到，包括他们的心理状态和行动自由。同时，演讲会上的各个环节也要充分考虑到听众的感受，要做到细心周到，让听众感受到演讲者对于他们的关注和照顾，意识到演讲者对自己的重视。我们还要明白这是为听众准备的演讲会，而不是只为达到自己的目的而准备的演讲会。

第 10 章

把产品带到现场去

必不可少的“展示引力”

成功举办一场充满活力、趣味性的演讲会，除了在语言组织上下工夫，还要调用视觉元素。听到东西不如看到的东西印象深刻，看到的东西不如动笔写过的东西印象深刻。所以，不管演讲者构思多么好的演讲词，如果不能提供视觉方面的内容，大部分的演讲内容都不会给听众留下什么印象。

演讲会非常需要幻灯片、视频影像、图像、照片、剪贴画、图表、图形、挂图、样品、作品等视觉上的辅助物来传达信息、活跃气氛和吸引眼球。那么，演讲会上为什么需要这些视觉上的辅助物呢?

为了展示给听众可视性的内容，在演讲会上乔布斯将准备介绍的产品麦金塔、iPod、iTunes等都带到了现场。苹果公司推出的Front Row是一款通过电脑欣赏音乐、图片、DVD、录像等各种多媒体的软件，同时它也被安装在电脑里面，是麦金塔的基本配置。Front Row的所有功能都可以通过遥控器来控制。乔布斯实地操作地介绍了如何利用这个软件，从而尽情地享受各种多媒体带来的愉悦。

他说：“坐在房间里的沙发上欣赏音乐时，是需要遥控器的。所以，我们制作了遥控器。但是我们是按照苹果公司的风格制作的。那么，苹果公司风格的遥控器是什么样的呢？它就是这样的。只有6个按钮，而且非常薄，非常漂亮，可以用手这样握着。但是，比遥控器外观更重要的是遥控器的功能。”

最后，乔布斯走到电脑前面，拿起一个东西又走回来。他手里拿的就是正在介绍的遥控器。光是介绍还远远不能加深听众的印象，打动听众。当听众见识到这款遥控器的尺寸大小，并且正如乔布斯所赞扬的那样能做如此多样的事情时，当然心服口服。拿到遥控器后，乔布斯继续介绍说：“用电脑的时候，如果想听音乐的话，只要按这个遥控器的选择键就可以了。再按一次按键，就会回到电脑刚才的画面。无论哪一个位置按一下按键，都可以把电脑的画面转换成Front Row模式，按Front Row上面的菜单，就会转换到音乐、图片、DVD、影像模式。”

介绍完音乐功能，他接着说：“图片也是同样的。一下子就可以找出储存在iTunes收藏夹里面的图片，还有储存在‘我的电脑’里面的图片。与查找音乐的程序一样，按几下遥控器的按键，就可以找到我们想要的图片，将储存在图片收藏夹里面的图片转换成幻灯片播放的模式，同时配上好听的背景音乐。”

乔布斯以这种方式有顺序地给大家展示DVD影像、电影等的观赏方法,并不断将产品实物给大家展示出来，这样听众不仅听到了实物的用途和优势，还能亲眼见到实物的大小，从而衡量产品的最终价值。

用于演讲会上展示的产品，要注意明确这个产品登场的理由。如果不能在恰当的时机展示产品的话，演讲会就会失败。使用不恰当的产品，或者是不能引起听众兴趣的产品，很容易打消听众的积极性。

演讲会上若是使用听众已经预想到的产品，显然这个产品的效果不会很好。听众完全没有想象到的产品或者是产品的图片，才是具有创意的视觉辅助物。不管什么时候，这意想不到的产品都会提高演讲会的效果。

其实，不管演讲者将产品描述成什么样子，不管什么样的图片或者是语言描述，都远不及我们所要介绍的产品，或者听众希望拥有的产品能够引起他们的关注，大部分人都经不起实物的诱惑。在演讲会上，如果听众希望拥有的产品登场，肯定会受到高度的关注和喜爱。所以，一定要把产品带到演讲现场。大多情况下，实物一登场就都能引起听众的高度关注。

让产品的外观说话

很多听众都发现演讲中乔布斯的煽动不仅仅停留在口头上，他常常会将产品以最好的形式呈现出来，为自己说话。因为乔布斯已经意识到，要想激发听众的热情，只有设计出一款令人兴奋的产品，才有机会做大胆的广告来呈现它。对乔布斯而言，最重要的是完美的产品，而非产品的广告。他曾说："对于竞争而言，广告是必要的。IBM的广告无处不在。但是好的公关能够教育人，仅此而已。在这个行业里，你没法骗人。产品自己会说话。"因此，他在苹果的宣传方面并没有大规模地投广告，并且他还坚定地认为，不能让广告抢了产品的风头，苹果本身已经是一件足够创新的产品，要让人们都为之兴奋的话，只在广告上把它展示出来就已经足够了。

为了能够设计出最好的产品，乔布斯醉心于产品的设计。在MP3市场，iPod成了年轻人梦寐以求的礼物。苹果公司前任高级营销管理人员史蒂芬曾透露，苹果iPod附带的那些小小的白色耳机之所以采用白色绝非偶然。在iPod的发布会上，他兴奋地说："这些白色的iPod耳机不是由工程师设计的——这纯粹是苹果的营销伎俩。因为人们在用iPod听音乐时，唯一能看得见的部分就是那个白色耳机，这就使得戴白色耳机成为一种新潮时髦的象征。只有戴白色耳机，你才是真正的酷派一族。"

一、二、三、四，告诉我你更爱我了

漫漫长夜无法入睡，不禁感叹我的青春是为了什么

哦！少年时的希望

到你的门口，离开你什么也没带走

但是他们想得到更多。

你变心了，你知道你是谁

是甜蜜的还是苦涩的，现在我无法分辨，

舒适寒冷，不要本末倒置了。

那些青少年的希望，他们的眼眶里溢满了泪水。

很害怕不敢坦白承认一个小小的谎言！

这是苹果公司iPod著名广告歌曲《一、二、三、四》。苹果的鲜明记忆随着它抢眼的白和触目惊心的黑让消费者眼

前一亮。在颜色鲜艳的背景里，iPod独特的白色耳机线，随着iPod的音乐节奏舞蹈，乔布斯用他的电脑将技术的灵感注入我们的大脑中。

> 产品的外观与乔布斯的宣传完美地配合在一起，成为一种新的营销方式。在演讲中，如果演讲者一直不停地介绍并吹嘘自己的产品势必会影响演讲所要达到的效果。但如果让产品自己说话，这样可以让听众从心理上信服。这或许就是乔布斯需要的演讲结果。

1998年，乔布斯推出了一个颇有力度的新型个人计算机——Mac。这款电脑的惊人之处，就是乔布斯放弃了“沉重大箱子式”似的设计理念。这款电脑仅凭外表就让人赞不绝口：半透明的塑料外壳，有蓝、绿、橙、红、紫五种颜色可供选择；机身是弧线造型，圆嘟嘟的，十分可爱。

麦金塔电脑在当时的电脑市场中可谓一枝独秀，它明亮多变的色彩、丰满圆润的身躯、半透明的外观，让所有人眼前一亮。这款像艺术品一般赏心悦目的电子产品引导了当时的潮流。

不止麦金塔，苹果的所有产品在外形上都深深流露出流行的浓郁气息——乔布斯血液里的流行元素和他对流行的敏感深深地烙印在每一款苹果产品的外形上。对乔布斯来说，在演讲会上展示苹果产品，这种做法往往可以代替他说出更加有力的、令听众信服的话。那么我们在演讲的时候，如何将产品更好地向听众展示出来，如何达到让产品的外观说话的效果呢?

首先，产品要具备让人惊艳的外观设计。如果是一个外观很普通的产品，即使演讲者将产品吹得天花乱坠，观众看到实物没有购买的欲望，一切都是没有意义的。在产品的外观上下工夫是近几年来产品的一个风潮。为了刺激消费者购买产品，不少产品生产厂商均在设计产品的外观上不惜花费很大的财力和人力。不管是产品的色彩还是硬件的设计，都成为设计者关注的主题。

其次，在演讲的时候，为产品的出场设计一个好的机会。一个产品外观再好，没有在恰当的时机出现，引起的轰动效果也没有想象中的好。乔布斯是一个很擅长“卖关子”的演讲者。为了凸显产品与众不同，他会作好铺垫，勾起听众的好奇心，并且让产品不经意间出现在听众面前，让听众出其不意，从而引起轰动性效应。

要想做到让外观说话的效果，除了产品的设计独特能吸引消费者眼球之外，还需要演讲者在演讲的时候弱化产品的缺点并突出产品的优点，从而让产品起到引领潮流的作用。

介绍产品的技巧

根据人类学家约翰·梅迪纳博士的研究，我们的大脑生来习惯于看透事情的本质，抓住重点。梅迪纳博士说，当原始人看到了一只剑齿虎，他问自己“它会把我吃掉吗”，而不是“它有多少颗牙齿”。所以，人们在看到一个产品时，脑海里也会浮现出重要问题：它对我而言有什么用？演讲者向听众介绍产品的时候，想到的第一点应该是“我应该怎样介绍这一产品”。

在演讲当中尽早引入产品的特性，对说服他人非常关键，乔布斯就是这样做的。在每次介绍产品的时候，他首先告诉听众这个产品能做什么，这个产品的购买点在哪里。人们在一个接受新事物的过程中，对这个新事物的第一反应是这个新事物对自己有没有用处，乔布斯深谙人们的这一心理，亦懂得如何煽动观众让他们站在他的周围。

“介绍产品的时候，不要从细节开始，要从问题的本质和关键信息开始。根据级别层次先介绍关键信息，再围绕这些信息展开细节。”这是演讲大师约翰·梅迪纳博士给人们的建议。

而演讲中，在介绍产品的时候先统观全局是乔布斯的技巧。苹果公司在2003年麦金塔大会上推出了Safari浏览器，而且在发布时将其定位为苹果电脑上最快的浏览器。乔布斯的这句话虽然在当时的浏览器市场很有冲击力，但是听众更想知道，他们使用这一浏览器与以往的浏览器有什么区别。

乔布斯在他极具说服力的演讲中，首先提出了问题，他自信地面对观众简单地反问道："为什么我们需要有自己的浏览器？"

在详细展示产品的新功能之前，他需要为产品的存在找出一个合理的能说服观众的理由。

乔布斯告诉听众，虽然市场上已经有互联网浏览器、网景等竞争对手，但它们共同的不足之处就是速度较慢、缺乏创新。在速度方面，乔布斯说，在苹果电脑上运用safari浏览器，加载页面速度将比互联网浏览器快3倍。

在创新方面，乔布斯讨论了目前浏览器存在的限制和不足，包括谷歌搜索未实现主工具栏显示的功能，以及收藏夹管理方面还有很多需要改进的地方等。“我们通过研究发现，人们不怎么使用书签。他们不习惯使用收藏夹，因为这些东西对于非专业人士而言过于复杂，没有人搞得清楚到底应该如何使用它，”乔布斯说，“Safari浏览器就可以解决这些问题，它可以轻松地将谷歌搜索列为主工具栏，并能够帮助用户更容易地回到以前最喜欢访问的网站或网页。”

像乔布斯一样，介绍产品的时候我们也应当学会用一个简单的句子先对自己发问：“你为什么需要这个？你需要的产品能做什么？”

正是这个问题让乔布斯在介绍产品的时候更加从容，与听众之间的沟通更加快捷。只有深谙听众的心理，才能将话说到听众心里。

我们在演讲的时候，要想让产品达到预期的效果，要学会在产品宣传的时候作好充足的准备。一个好的介绍技巧会让听众知道你的产品能做什么，对听众有什么样的益处是演讲者应该表明的话题。

把体验作为礼物送给消费者

在日常的演讲中，我们经常见到的产品发布会都是信息量巨大的，但是技术性太强导致听众听起来如同嚼蜡。但是乔布斯的演讲截然相反。

演讲大师利安德·卡尼称赞乔布斯："总是将其在麦金塔大会上的主题演讲演变为轰动一时的重大新闻事件。他不只是一个简单的产品介绍会，在演讲中，我们可以看到乔布斯更重视听众的体验，这些感官体验会给听众留下深刻的印象。"

在一次苹果公司推出MacBook系列笔记本电脑的介绍会上，麦金塔掀起了计算机行业新一轮的革命。乔布斯在演讲中曾邀乔纳森·艾夫上台描述MacBook的新工艺。在这些工艺讲说完之后，乔布斯舍弃了通过两张照片来达到让客户了然的途径，他让所有现场的观众都参与到一场伟大的感官体验中来。他为现场所有的观众都发放了新款电脑样机，让现场所有的分析师和记者都能感受并触摸，来感受其精细的做工。

“这台电脑是一件精美绝伦的产品。”乔布斯说，“这项工程做起来十分精细，当然，对于苹果公司来说，这也是一个伟大的工程，它看起来酷极了，你们能够亲眼见到这件产品我十分高兴。其实我更想把它分发到大家手中，这样大家可以近距离地体验这件产品。”

当听众触摸到样机，并亲身感受到这件精细的产品的时候，所有人都赞不绝口。这种感官体验让他们对产品更加信赖。这时，乔布斯在惊叹声中笑着说：“我们现在要把它们收回来了。”所有人都沉浸在美好的体验中，乔布斯无须再多赞美，产品已经说明了一切。在接下来的演讲中，他一次又一次地引导观众通过亲身感受享受这款伟大的产品带来的感官盛宴。

曾有个演讲家说：“听众可以忘记你说的话，忘记你的成绩，但是他们永远不会忘记体验带给他们的感觉。”我们要想在演讲中给听众留下深刻的印象，让听众对我们介绍的产品产生好感，不妨将感官体验当作礼物送给听众。在很大的程度上，这些听众还是消费者群体的一部分，也是我们产品宣传的一个突破口，他们的亲身体验会让产品更加贴近听众。那么，我们如何在恰当的时候将这种体验送给消费者呢?

1. 让听众对产品充满期待。在产品介绍会中，我们要想达到预期的轰动效果，要先设置悬念，在听众很期待的情况下将产品展示出来，当听众接触到产品的时候，享受到一种感官的盛宴，也是对我们产品的一种肯定和赞扬。

2. 在产品介绍的时候，将产品的特色完整地介绍出来。人们购买产品的时候，很重视产品的特点和触觉带给人们的感受。苹果公司很重视产品给人的感官体验，在设计产品的时候也很重视这一点。我们在演讲的时候不仅要突出产品的特色，还要将这些特色完整地呈现到听众面前。

产品体验是听众与产品之间的一种近距离交流，也是演讲者与听众的一种沟通形式。我们在演讲的时候，为了达到好的宣传效果，应将产品带到现场，给听众带去一场好的感官盛宴。

第 11 章

让听众所见更加信息化

选择与表达内容相符的图表

最漂亮的鞋子不是最好的，最适合自己的鞋子才是最好的。在演讲内容的选取上也是如此。与演讲内容相关的文字和图片资料浩如烟海，只有选择与演讲主题相符的文字和图表资料，才会让整个演讲生色。

演讲会上，乔布斯在对比iPod和其他同类产品的市场占有额时，幻灯片上展示的图表内容只有两个：iPod占75%，其他产品占25%。这样简洁明了的图表令听众在第一时间就了解了iPod产品的市场占有比例很大，并且这一事实深入听众内心。如果乔布斯在演讲会上所展示的图表不是只有两个内容，而是将与iPod产生竞争的所有产品的市场占有额都一一列举，那么听众的印象很可能就没有那么深刻。没有抓住演讲内容的重点，也没有选择出与演讲主题相符的图表，只是单一地罗列，这样的演讲太过繁杂和粗糙，无法成功传达有效的信息，反而会扰乱听众的视听和记忆。

> 在演讲会上演讲者通过自身的讲述向听众传达演讲的主题，演讲者是主角。无论在会前的准备期还是在会上，演讲者都十分重视演讲中的自身陈述部分。对于陈述的过分重视往往导致演讲者忽略了图表展示的重要性，没有花时间好好想一想如何选择与表达内容相符的图表。

向听众展示一张简洁明了、有文有图的幻灯片，是出色完成演讲的技巧之一。那么乔布斯是如何选择与表达内容相符的图表，并将其展示在听众面前使之发挥出巨大作用呢？

乔布斯在介绍iPod时，对iPod的性能做出了如下生动而形象的比喻：当我们搬进新家时，第一件事就是要请相关部门的服务人员为我们的新家安装电话。年轻人不会考虑这个问题，他们只会通过手机联络相关人员。在对待喇叭问题上，年轻人绝对不会买一个音响放在家里，他们觉得只要拥有一个用于iPod的喇叭就足够了。年轻人是我们产品的主要销售对象，因而年轻人的心理也在很大程度上决定着iPod销售市场的情形。年轻人宁愿去买iPod和其他品牌的喇叭，也不愿意购买著名的JVC和索尼的音响。尽管市场上存在着这样的事实，但是没有一个音响开发商来和我们合作，这是一个遗憾。我们应该摒弃旧观念，从事实出发，我们的iPod便携式音乐播放器，就是在这样的背景下问世的。

接下来，乔布斯向听众讲述了iPod的销售业绩。在此之后，乔布斯通过年销售量、市场份额等具体数字来展示iPod Nano所获得的强烈市场反应和巨大的销售前景。为了说明iPod 产品的成就和前景，乔布斯以一系列生动而简洁的幻灯片加以说明。幻灯片上的图表很简洁，只是清晰地展示了第一到第三季度iPod 产品的销售曲线图，并没有涉及具体的数字。

乔布斯的做法很聪明，幻灯片展示的重点不是iPod 产品的具体销量，重点在于向在场的听众展示出iPod 的销量一直在增加的事实。

乔布斯幻灯片上的图表，很好地表达了演讲内容的主旨。对于一些数据，特别是表达销售量，或是产量的数据，有时候在演讲中以曲线图的形式表现出来，不仅能很好地展示出数字变化的大趋势，使听众有一个直观、简洁、明了的印象，让听众感到心情舒畅。

选择与表达内容相关的表格或是曲线图，抓住演讲内容的重点，可以活跃演讲会现场的气氛，令整场演讲会生色不少。

出示价格的特殊技巧

沃尔玛超市的口号是“天天低价”，每天都以最低的价格销售商品是沃尔玛一贯的宣传噱头。沃尔玛这么做，无疑是因为看到了消费者的心理：消费者都希望以更便宜的价格买到更优质的产品，追求物美价廉是很多消费者坚持的理念。

消费者只会购买他们认为有价值的商品，而且是他们有能力支付的产品。对制造产品的生产者来讲，要它们同时兼顾品质和价格是非常困难的事情。无论是什么样的演讲会、发布会，最后一个环节一定会提到价格。无论演讲会所展示的功能有多么的优秀，如果听众认为价格不合理的话，企业就很难将产品销售出去。所以，在介绍完产品以后，再接着介绍价格的时候，绝对需要特别的技巧。

乔布斯在演讲时如何介绍商品价格呢?

在介绍新款的iMac产品的时候，乔布斯将CPU、硬盘驱动器、光驱、显示卡、无线蓝牙、鼠标等安放在17寸和20寸的产品上，并分别作了比较说明。需要注意的是，与之前的演讲语速相比，乔布斯这一段的语速很快，也没有进行详细的说明，当然也是因为要说明的项目太多。但是相信通过介绍这三种核心功能，乔布斯已经让听众深刻地意识到麦金塔的优秀。所以，剩下的部分简单带过就足够了。要按照重要程度分配演讲内容，时间也要按此分配。接着，乔布斯又继续介绍新型的17寸的麦金塔电脑的价格。新款的麦金塔比之前的产品更薄，而且内置了价值150美元的isight摄像机，同时为了可以通过电脑畅快地使用各种多媒体，还安装了Front Row软件。关于这款新型麦金塔的三个功能的介绍就这样结束了。接着，乔布斯在对电脑的功能进行一般性的介绍时，也介绍了相关的配置。

"那么，它们的价格是多少呢？现在，这款17寸产品的价格分别为1299美元和1499美元。首先，我们来看一下这款1299美元的产品。这款价值1299美元的产品配置了速度更快的处理器和桌面，并且添加了以下这些内容：价值115美元的iSight内置摄像机、Photo Booth、遥控器、光驱，以及可以同时使用的Front Row，还另外提供了鼠标等。而且，它们变得比之前更薄了。那么，变化如此多的这款17寸的产品应该是什么价格呢？和之前一样，还是1299美元。所以，我们预计这款产品会有很高的人气。”

演讲会上，对于产品新添加的功能和改善的性能，在座的每一个听众都在聚精会神地聆听。然而讲到产品的价格时，就会闻之色变，人们的想法会发生不同的变化。因为既然添加了这么多的功能，听众一般会认为产品的价格也会随之提高。

麦金塔是苹果公司经过研发之后，相比之前的产品更优秀，价格却没有任何变化的新型产品。当乔布斯刚公布完新型麦金塔的价格后，听众席上爆发出了雷鸣般的掌声。这掌声是对苹果公司优质产品、先进技术的赞许，对苹果公司不提价这一销售行为的赞许。另一方面，听众也被乔布斯巧妙和严谨的演讲技巧征服了。

紧接着，乔布斯又发布了20寸产品的价格，他说：“现在，旧款20寸产品的销售价格是1799美元。之前上面所提到的所有功能，都添加在新款里面了，但我们打算以1699美元的价格进行销售。我们确信这又是一款非常成功的产品。”

听众席的掌声和欢呼声霎时已是一浪接一浪了。因为旧款20寸比17寸的那一款有更大的优惠。对于听众来讲，17寸产品已经升级换代，仍然以同样的价格销售，已经是一个振奋人心的消息了。结果，更加喜出望外的是，现在升级了的20寸产品却比旧款的销售价格还要低。在这种情况下，消费者怎能不动心呢?

现实生活中每时每刻都发生着各种变革，很多产品功能非常优秀，当然，也有很多产品价格昂贵，一般人无法负担。人们青睐的，往往是那些功能一般、价位很低廉的产品。但是，消费者也渴望购买到同时拥有高品质和低价位的产品。乔布斯就是通过这些语言技巧，放大了人们的喜悦，吸引人们主动消费，这可比再去专门制定营销方略省了不少时间和力气。

一边讲解一边演示

枯燥的讲述和表达在演讲中，极易引起听众的不满，学会一边讲解一边演示演讲内容，是演讲者出色完成演讲任务的基础，是演讲者应该具备的基本技能。

东西方文化在表达形式、表现手法等方面存在着一定的差异，然而“一边讲解一边演示”这句话在东西方文化中具有同样的内涵，切换到商业演讲这一具体情境中，这句话所表达的意思就是，听众或是消费者如果没有亲眼见到产品的优越性能，那么他们不会轻易相信演讲者的阐述。

人们常说“眼见为实，耳听为虚”，一边讲解一边演示，让听众亲眼见到产品的独特性能，不仅能够增强演讲者话语的可信度，也是对听众最起码的尊重。乔布斯是一位伟大的演讲家，他总是能很好地照顾到听众的感受，以柔和而轻松的方式，向听众阐述自己的想法，激发听众对苹果公司新产品的兴趣和关注。

> 乔布斯在介绍iSight摄像机时，告诉听众，通过这一构造特殊的内置摄像机，人们可以通过视频在电脑前举行会议，方便而快捷。乔布斯抓住听众好奇的心理，在接下来的演讲中，以实际操作向听众展示了视频会议如何进行，以及视频会议期间画面质感如何等细节问题。

相对于实际演示而言，其他一切描述和阐释都显得黯然失色，失去说服力。

2005年，在iPod Nano新品发布会上，乔布斯利用视频链接这一方式，对身处异地的美国当红歌手麦当娜进行了现场采访。听众反响异常火爆，不仅是因为见到了自己喜欢的明星，而且亲眼见证了视频链接的操作和应用。

接下来，乔布斯又利用视频链接技术，iSight摄像机内置在麦金塔中的iChatAV软件，和自己的同事FPhil进行了现场视频聊天。乔布斯和同事之间风趣的对话，感染了在场的每一位听众，演讲会现场陷入无比轻松和愉悦的氛围中，听众对于新产品的信心和兴趣也有了提高。

乔布斯在演讲会现场诙谐的演示，不仅活跃了现场的气氛，而且令听众亲眼见证了新产品的操作，从而激发了听众对演讲内容和新产品的关注及兴趣。

一对一面对面聊天已经成功证明了新产品在视频上的性能，为了进一步证明该项产品在视频会议上的功用，乔布斯在现场又作了进一步的展示。这一次，除了同事FPhil之外，乔布斯又叫上了其他两名同事，现场展示出在不同地点的4个人在同一时间通过视频召开会议。乔布斯的这一示范，令在场的听众惊讶于新产品的强大功能。当然听众会有如此的反应，与乔布斯的现场演示是分不开的，没有什么方式比现场演示更容易令听众相信新产品的高端性能。

一边讲解一边演示，对演讲者本身而言，不仅会丰富演讲内容，而且在演讲者语言不够流畅、思维不够敏捷的时候，适当而合理的演示可以成功转移听众的注意力，为演讲者留出一个调整自身状态的空间。要想成为一名出色的演讲家，不仅要有极强的思辨能力、渊博的学识，还要具备随机应变和现场展示的能力。

第 12 章

那些『超酷』的词汇

“新造词”是一种听觉冲击

无论是“把1000首歌曲装进你的口袋里”，“世界上最薄的笔记本电脑”还是“今天，苹果重新发明了手机”，这类标题频频出现于苹果公司所有的营销渠道中。一旦乔布斯在演讲舞台上宣布了某一标题，苹果公司的宣传和营销队伍就立刻全速跟进。往往是会场里面的麦金塔大会刚刚结束，醒目的大幅广告刚刚撤下，相应的户外广告牌就立即竖起，苹果公司的网站首页更新发布了产品信息和标题，报纸和杂志也随之转载，电视和电台的广告宣传也同步跟进。

2007年1月9日，国际权威IT媒体《微电脑世界》（PC World）上发表了一篇文章，宣布苹果公司将“重新发明手机”，其新的通信设备将把3种产品——移动电话、iPod以及互联网浏览器——融合在一起。“今天，苹果重新发明了手机”这一口号被全球人熟知。

现在全世界人都知道，这种三合一的产物就是苹果公司的天之骄子——iPhone手机。iPhone手机的表现也的确像广告中所宣传的那样，在行业内掀起了革命，并被《时代》杂志评为“年度最佳发明”。该手机上市后短短两年时间内，即到2008年年底，就占领了智能手机市场13%的份额。

苹果的标题是具体鲜明、令人难忘且前后一致的：“苹果重新发明了手机！”这一次，《微电脑世界》的编辑像对待其他公司一样发挥自己的创造力，煞费苦心地为苹果设计标题。“苹果重新发明了手机！”这种“新造词”是苹果公司自行策划，并在新闻发布会上打出的宣传标题，这则标题早在乔布斯在麦金塔大会的演讲中就已经深入人心。

在麦金塔大会的演讲中，乔布斯揭开了 iPhone手机的面纱，他没有等媒体来创建标题。他自己动手，并在演讲中多次重复这一关键信息。他5次使用“重新发明了手机”这个短句来定义iPhone。在向观众初步演示手机的功能以后，他把要传达的重点分析得非常透彻：“我认为当你有机会使用它时，你就会认同我今天的观点——苹果确实重新发明了手机。”乔布斯在详细介绍产品之前，先明确宣传标题，用最有冲击力的词汇让听众记住他们要宣传的产品。之后的演讲中，他通常结合示范演示详细介绍该产品，解释完产品的具体功能之后，往往还要迅速再度点题，以加深观众对宣传标题的印象。

在接受《财富》杂志采访的时候，乔布斯被记者问及如何描述苹果新的OSX系统操作界面。乔布斯的回答让听众惊讶，他说：“我们的屏幕设计十分漂亮，让你忍不住想去舔他们。”乔布斯的话让听众忍俊不禁。

或许有人会认为在演讲中使用具有冲击力的新颖词汇有哗众取宠的意思，可是，选择有趣的、形象贴切的词汇是演讲成功的一种必备技能。

我们在演讲的时候不要害怕使用那些简单的具有描述性的词汇，这些超酷的词汇带给人们头脑的冲击力远远大于索然无味的话语。从乔布斯的话语中我们已经发现，乔布斯使用的词汇往往让人们眼前一亮，并且这些词汇很多是人们口中闲聊时常用的话语。

“新造词”不仅能带给人们一种听觉上的冲击，还能带动听众的情绪。我们可以试想，一个演讲者不为自己要宣传的产品感到兴奋，怎么能期望听众兴奋起来？这个兴奋点就在于演讲者在说话时如何表达兴奋点。如果我们真的发现这个产品令人振奋，那么就不要吝啬这些具有冲击力的词语。

说些与众不同的内容

现在无论是电视广告还是书面广告都在追求创意，因为出人意料且有新意的内容更能吸引人们的眼球。它在带给人们刺激感的同时，也让人印象深刻、难以忘怀。演讲其实也是一样，拒绝单调和乏味。如果是催人“睡”下的演讲，只会“放倒”一群又一群的听众。所以，弄出点有新意的环节，给观众带来一些新鲜感，是演讲中迫切需要实现的，这样一场演讲才能让听众难以忘怀。

其实大多数的演讲者都是不好不坏的演讲者，他们的演讲就像白开水一样，不痛不痒，很容易让人遗忘。倘若你向这些人看齐，那么没人能记住你说的话。如果不想这样，那就说些与众不同的内容，这样才能使自己传达的信息令人难以忘怀。

乔布斯是一位敢于冒险的演讲家，他的演讲会总能给观众带来一些出人意料的惊喜，在他的演讲会上不仅能听到惊人的话语，也能感受到他与众不同的演讲方式，他的每场演讲会总能给听众带来难忘的时刻。

想要在演讲会上拥有与众不同的内容，就要在自己演讲稿上下点工夫，让自己的演讲更加精彩夺目。

演讲者无论向听众宣传某种产品还是阐述某种道理，如果采用平铺直叙、枯燥乏味的讲述，人云亦云、老生常谈地说教，那么无论你所讲的道理多么正确，这种演讲都是难以深入听众的内心世界的，是缺乏演讲应有的说服力、鼓动性和艺术效果的失败演讲。然而出色的演讲者能考虑到其他人考虑不到的部分，只有这种演讲才会脱颖而出。

因此，我们在构思演讲内容时，确立了鲜明的主题后，要找到同一主题的其他方面，每一个事物都有不同的方面，有的是所有人能看到的，有的是通过挖掘才能被发现的。所以演讲要说出同一主题的不同方面，这样才不会使听众厌烦，能使听众更快地进入状态，更快地接纳演讲者的观点，并为演讲会营造一种浓郁的氛围，听众这种积极的态度也能使演讲者所讲的道理更鲜明集中，避免漫无边际，让听众不得要领。

乔布斯曾经在苹果新品发布会上说过这样的话：“如果你购买苹果电脑，那么你一定是一位与众不同的人。我认为，购买苹果电脑的人都富于创新精神。他们不是为了完成工作而工作的人，他们的工作就是时刻准备着改变世界。我们为这种类型的人制造工具……我们从一开始就立志为购买我们产品的客户提供卓越的服务。很多时候，人们认为他们是疯子，但是透过疯狂的表象，我们看到了他们天才的一面，这些人都是我们公司创造产品并提供服务的对象和动力来源。”

他把购买苹果电脑的人视为天才，他们能借助苹果电脑的强大性能改变世界。这种话一般人说出来会让人觉得大言不惭，然而乔布斯敢于冒险，观众感受到他的那份自信，因而转而相信他的苹果产品。

要做到说出与众不同的内容，首先，演讲者在演讲过程中设计出其不意的环节。在听众不经意的情况下推出产品或者说出一些具有爆炸性的话题会产生轰动的效果，听众也会更愿意听这样的演讲内容。

其次，找出产品的独特之处，放大优点。乔布斯在苹果公司全球开发者大会上介绍iPhone手机的时候，说到这款手机的速度，乔布斯说“它快得惊人”。他的这一介绍吸引了听众的眼球，一句话将产品的优点点出来，这是乔布斯的演讲风格。这种与众不同的介绍也让听众对产品产生了兴趣，激发了购买欲。

所以，在演讲会上讲一些与众不同的内容是转移听众注意力的一种表述方式，这也会提升演讲会和产品宣传的效果。

第13章

『三点的技法』

3点比5点更有说服力

在戏剧启蒙伊始，剧作家们就知道三幕剧比四幕剧戏剧性更强，而在演讲中，天才乔布斯发现3点比5点更有说服力。

这是因为任何一部伟大的电影作品、书籍、戏剧或演讲都有着三段式的结构。例如，大仲马有《三剑客》（又名《三个火枪手），而不是其他；金发歌蒂遇到的是3只熊，而不是4只；谚语“三个臭皮匠，顶个诸葛亮”，而不是两个臭皮匠；富有传奇色彩的美国国家足球联盟的主教练文斯·隆巴尔迪告诉他的队员，生活中有3件事最重要：家庭、宗教和由他率领的绿湾包装工队；美国《独立宣言》指出，每个人不论是白人还是黑人，都享有不可剥夺的生命权、自由权和追求幸福的权利，而不是简单的“生命权和自由权”。

看起来这个神奇的数字“3”既是书写各种作品的基本原则，也是追求幽默感的基本原则，更是乔布斯演讲的基本要素。

关于为什么是“3”这个数字，美国海军陆战队曾对这个课题开展过广泛的研究，并得出如下结论：3比2或4都更有效率。因此，美国海军陆战队都以3为划分标准：海军陆战队由地面部队、航空兵和后勤部队三部分组成；地面部队有3个陆战师；陆战师是世界上编制人数最多的地面作战师之一，也是美军唯一使用三团制的作战师，这便是美国海军陆战队不可告人的秘密。可是如果连海军陆战队都已经研究透了这些技巧，我们为什么要白费力气做重复工作呢？直接利用其研究成果就可以事半功倍了。因此，当很少有演讲者在演讲中贯彻“三的原则”时，你可以坚持这个原则。“三的原则”会对你的演讲有所帮助。

在iPhone手机的发布会上，乔布斯在手机的会场说：“今天，我们将推出3款革命性的产品。”他一边说一边向听众展示这款移动电话、可以触摸的宽屏iPod播放器，还有一个将互联网功能完美融于一体的iPhone手机。接着乔布斯说：“第一款革命性的产品定义为‘可以触摸的宽屏iPod播放器’，第二款产品是具有革命性的移动电话，第三款产品是对互联网通信设备的突破。”听完这些，听众以为乔布斯会进入对产品的介绍环节，但是他并没有这样做，接着他说：“所以说，这是3款具有革命性的产品，一款iPod，一款手机，一款上网装备，这是三款不同的苹果产品，大家能听明白吗？这三款革命性的产品共同构造成为现在的iPhone手机。”

听众听到这里，禁不住为之欢呼。这就是“三的原则”带来的力量。“三”对于乔布斯来说也是沟通最有效的一个手段。

很多心理学家研究表明，在人们的认知中，我们很难在很短的时间内记住超过7个数字，人们最有可能接受的范围是3~4个。所以，乔布斯在演讲中，都会抛出3~4个问题给听众分享，而3的使用率也远远大于4。

向听众说清楚三个要点

2005年6月6日，在苹果公司全球开发者大会上，乔布斯宣布了一个重大而有影响力的决定：苹果公司将结束与IBM公司长达l0年的合作伙伴关系，从使用IBM的PowerPC芯片转到使用英特尔微处理器。

最后乔布斯说：“到目前为止，苹果公司的产品有史以来曾经经历过两次重大的转变（他开始列出大纲的3个要点）。第一次，是从一直沿用的68K处理器转到PowerPC，这一转变发生在大约l0年之前，时间是20世纪90年代中期。PowerPC芯片为苹果奠定了下一个世纪的辉煌。这一转变是非常可喜的。第二次关键的转变意义更大。这就是我们刚刚于几年前实现的从OS9到OSX的转变。这是一个大脑移植的过程。虽然这些操作系统仅仅是名称不同，换了一个数字，从‘9’过渡到‘X’。但是，它们使用的是迥然不同的技术。OSX是目前这个星球上最先进的操作系统，将为苹果公司未来20年的发展立下汗马功劳。现在，我们将开始新的第三次转变。我们将致力于为你和其他用户制造全世界最好的电脑。第三次转变即将开始。是的，这一切都是真的。我们将开始从PowerPC芯片向英特尔处理器转变。”

他用了一个三段式来说明他的理由，语言简短，并没有用什么煽动性的语言，但是听众都理解并且接受了，看来乔布斯将“三的原则”运用得很好。

向你的听众说清楚三个要点，为他们指明方向，可以清楚地表明你现在的处境和未来的打算。

就在上面的例子中，乔布斯一开始就设定了转变的主题，我们都知道将有第三次转变，因为乔布斯解释说，苹果已经经历了前两次转变。他还为每一个要点设定了故事情节：第一次转变“是非常可喜的”，第二次转变“意义更大”。根据这样的逻辑思路，第三次转变的意义必然“非同小可”。就这样，人们接受甚至满怀期待第三次非同小可的转变的到来。

如果你有件重大的事情要宣布，如果你有个产品要与大家分享，也或者你有一些心得要传授，那么在你演讲或者沟通时，不妨想一想这个原则：将问题分为三部分；将演讲稿列为三点；在故事中设定三次转折，这样一定会事半功倍。

正如我们所了解到的，很多人在发表演讲或者接受各大电视媒体的采访时，往往会围绕3个或4个关键点来发表意见。这是因为这样往往最有效率。接下来我们准备一个关于乔布斯演讲的主题。首先，要创建一个短标题：“像史蒂夫·乔布斯一样演讲。”接下来，请写出3个要点：准备好故事；介绍经验；组织材料。围绕这三个主题，你可以运用修辞手法，以增强讲述的效果，还会穿插故事、事例和事实。

演讲会要尽量试着将内容做成三个要点的结构。这样的三个部分连接起来就是一个好故事，也会让整个演讲更加清晰，让听众更容易理解和记忆。

用三个层次催眠听众的耳朵

在2004年美国民主党全国代表大会上，奥巴马发表的主题演讲遵循“三的原则”，主次分明：

“我相信我们能为中产阶级减轻压力，能为劳工阶层打开机遇之门……我相信我们能为失业者提供就业机会，为无家可归的人提供栖身之地，让那些绝望和暴力的青少年重新找到生活的希望。我相信我们心中自有乾坤，站在历史的十字路口时，我们能作出正确的选择，应对好前方的挑战。”

清晰的三个层次充分有力地说明了他的观点，并且使听众信服。

和奥巴马一样，乔布斯也是个出色的演讲者。在乔布斯的演讲中，他深谙如何向人描绘一幅蓝图，如何讲述一个深奥的道理。他通过精心组织语言，运用沟通技巧，清晰明确地表达了自己的观点。他不仅将演讲稿巧妙地编织成由3句话组成的自然段，而且每句话中又都有3个观点。

再来看看2008年9月的一次苹果公司全球开发者大会，乔布斯按照惯例发表了一场历史性的演讲，这场演讲有很多名人亲临现场，还有分散在世界各地的数百万人在电视机前听讲。我们来看看乔布斯在演讲中是如何频繁运用“三的原则”的：

在演讲之前，乔布斯出示了一张幻灯片，上面是一个三条腿的凳子。他说：“大家知道，苹果公司现在有三大支柱，第一大支柱就是苹果电脑，第二大支柱是苹果公司的音乐业务，他们是iPod播放器和iTunes管理器，还有一大支柱就是现在的iPhone手机。”

接着，乔布斯重点介绍了iPhone手机的演示环节。在这个演示的环节中，乔布斯为听众描绘了一个美好的线路图。他说：“再过一段时间，苹果手机将会迎来它的第一个生日，在去年的6月底我们发布了第一款iPhone，这对于整个苹果公司来说也是一个奇迹，这款手机将会成为一个改写历史的手机，但是，要想让手机发展到一个新的水平，我们还会有新的挑战，这些挑战都会是什么呢？首先是3G网络的应用，一旦3G网络应用到手机中，这样手机上网将会更加快捷。其次是来自第三方程序的应用，这样一来，手机的程序会越来越广泛，手机的利用价值会更加宽阔。最后，我们需要在更多的国家销售iPhone手机。”他将这三个要点分为三个层次娓娓道来，慢慢地对听众进行催眠，使听众心甘情愿地接受了他的信息和想法，打动了千万人的心。

我们发现在演讲这些内容的时候，乔布斯一般会采用三个步骤介绍产品：

首先，乔布斯会先介绍产品新颖的功能，并大肆宣扬产品的作用。其次，乔布斯会对产品的新功用作一个详细的说明；最后乔布斯会根据演讲情况对演讲作一个总结，在总结的过程中，他会把产品的功能再简单地介绍一遍。乔布斯正是用三个层次催眠了听众的耳朵。这三个阶段其实就是乔布斯将产品的功能介绍了三遍，并不让听众觉得是在重复地听一件事情。像是一场催眠，听众在三个层次无意识间接受了乔布斯的介绍。

那些演讲大师们追求的始终是演讲的内容，而不是眼花缭乱的道具，如果你想成为成功的演讲者，那么请先向他们学习用“三的原则”来催眠人们的耳朵。

第 14 章

有效的竞技需要精心的架构

如何描述竞争者

IBM在很长一段时间内都是苹果公司的竞争对手，众所周知，这是一个很伟大的公司，但是苹果在一开始就不把它放在眼里，甚至拿它开涮。

“欢迎你们来到从35年前电脑革命开始以来最令人兴奋和最重要的个人计算机市场，并恭喜你们的首台个人计算机问世。个人计算机将成为人们工作、思考、学习、沟通及闲暇消遣的重要伙伴。使用电脑正快速成为与阅读和写作一样的基本技能。当我们发明第一台个人计算机时，我们估计只要了解了个人计算机的好处，全球会有超过l.4亿的人会购买电脑。我们预计明年有此认知的人将远超过100万人。未来10年间，个人计算机市场将继续成倍增长。我们期待负责任的竞争对手，竭力把这项美国技术推广到全世界。我们感谢你们的重大承诺，因为我们正在做的是通过提高个人生产力来增加社会的资本，欢迎你们参与这项任务。”这是乔布斯在20世纪80年代作宣传的时候说的一段话。

当时很多人觉得这则演讲带有强烈的自鸣得意的意味，毕竟当时的苹果公司只是一家规模不到IBM 1/10的公司，但是苹果敢于发出这样的宣言。

事实上从当时来看，IBM个人计算机的推出对苹果公司来说是一个好处大于坏处的事情，它让这个市场更加主流化。IBM也为苹果公司这个唯一真正的竞争对手带来了大量的宣传。

对苹果公司的知名度而言，1981年是个关键的时刻，这一年年初的时候知道苹果电脑的美国人还不到10%，而到年底时这个数字上升到80%。最关键的是，苹果公司不但巧妙地利用了IBM大品牌的“势”，同时还强调了自己的个性。一家是加州的自由派公司，另一家是东海岸的保守专业公司，这种对比只会对苹果公司有利，苹果公司还故意强化了这种对比。

在利用竞争对手这点上，没有企业能够比得上苹果了。

竞争对手是企业经营行为最直接的影响者和被影响者，这种直接的互动关系决定了竞争对手分析在外部环境分析中的重要性。

在演讲的时候，为了突出我们商品的特点，人们常常用比较的方法来推销自己的产品，这也是宣传中一个很好的竞争手段。将过去的产品与新产品相比较，将竞争公司的产品与我们的产品相比较，这样能够很好地将我们产品的理念和质量进行推介。

进行比较的最大目的是突出我们产品的优势。在演讲中，不可为了突出自己的产品而大肆抨击竞争者，这样会让听众觉得我们没有气度，会变得不信任我们的产品。在介绍自己产品的时候，对于竞争者，我们要抱着中肯的态度描述对方，这样我们才能得到听众的信赖。

反败为胜的战略

演讲会上，很多演讲者是为产品做宣传，其实演讲会最大的特点就是竞争，争技术、争时间、争效率。在这种情况下，如果演讲者有办法在恰当的时间内突出产品的优点，弱化产品的缺点，即使是产品出现失误，也能把缺点转换成优点，反败为胜，这样的演讲技巧才高深。如何能做到反败为胜呢？我们一起看看乔布斯在演讲会上是如何化解危机的。

iTunes是苹果公司于2003年4月开办的在线音乐商店服务，也就是可以下载音乐的收费网站。就像乔布斯在演讲会上讲到的，iTunes是在全世界有2亿多用户使用的一个音乐软件，在iTunes上，已经拥有200多万首歌曲的下载资料和2.5万多个播客，另外还有1.6万种有声读物。不仅如此，最近它又添加了下载影像的功能，不但可以看到20世纪80年代的老影片，而且连电视上最新播放的节目也可以下载。iTunes占据了美国合法下载音乐网站84%的市场，它的在线销售额也是苹果公司的主要收入来源。

苹果公司为了可以在iTunes上提供音乐录像带、电影、动画、电视节目等视频影像资料的下载服务，已经作了数十年的努力。但是，这些资料的版权往往在电影公司、发行商、电视台等团体手上。这些人都有他们亲自运营销售影像资料的相关网站，所以他们并不愿意把这些资料交给苹果公司来销售。随着使用iTunes的用户数量急速增加，拥有这些影像资料使用权的企业无法再轻视这个已经成为视频资料最高流通渠道的iTunes。最后，他们不得不把资料交由苹果公司来运作。

iTunes很快推出了一系列的产品，一直到iTunes5都很受消费者的青睐。在发布iTunes6的演讲会上，乔布斯还透露“在5个星期之前的9月7日，我们上市了升级版的新款iTunes5。但是在上周是不是出现了很多变化？所以，5个星期后的今天，我们又开始介绍iTunes6。”

然而不得不说的是，像iTunes这样拥有如此大规模用户群的网站，经常进行软件升级，从用户的立场上来讲，并不是一件好事。因为要重新下载和安装软件毕竟是一件很麻烦的事情。如果是这样的话，iTunes5还不如先不推出，等过一段时间，直接发布更新更稳定的版本就可以了。在研发iTunes 5的时候，为了增加视频服务功能，苹果公司作了不少的努力，但是最后因为没能和视频内容供应商达成协议，所以推出的iTunes5是没有视频功能的。

ITunes5与iTunes6的发布仅仅隔了5个星期，这让使用iTunes5的消费者着实不满。如果解说不当，市场上就会掀起一股抵制苹果的风潮，人们会认为苹果公司为了自己的发展完全不顾消费者的利益。这样看来败局似乎已经确定。所以，这次演讲对苹果公司来说具有特殊的意义。

在演讲中，乔布斯好像也觉得有些不好意思，所以笑着说道："我们是非常迅速的。"紧接着，为了挽回这个尴尬局面，乔布斯又非常卖力地介绍起新版本iTunes6。他将iTunes6的四个功能向听众作了一一介绍。当然，像前面章节我们所提到的那样，遵循的是概要——正文——总结的讲解方式。

乔布斯通过演示的形式详细地介绍了可以把自己所购买的音乐单曲、专辑，或者自己喜爱的音乐曲目创建播放列表，可以用送礼物的方式将其传给其他人的礼物功能；用户可以对网站上提供的音乐或者视频进行评价，并且可以显示评分的功能；用户将自己所购买的音乐制作成一个列表，挑选自己喜爱的单曲、专辑进行介绍并制作网页的功能；最后可以先欣赏后购买2000多个音乐视频的下载功能。关于iTunes6新添加的功能的介绍，是演讲会的重头部分。

> 其实，苹果公司非常有必要对此事进行一次公开致歉，但是乔布斯没有这样做，他也从来不会在某个演讲会上直接道歉，演讲的重点反而是强调产品某一方面的优秀功能，从而证明它的出现是合理的、必需的，从而让听众去忽略那些原本纠结的问题。

再加上乔布斯一直强调为了让消费者更早一天使用到这种视频下载功能，他们在过去几周的时间里一直在非常忙碌地工作。这样的演讲技巧，让人无法指责苹果公司的商业行为，反而会对其在最短的时间内为iTunes6增加了这么好的功能而表示感谢，而且听起来像是苹果公司始终把消费者的需求放在第一位的感觉。乔布斯通过新版本与旧版本的比较，突出了新版本的优点，把差点遭人诟病的缺点转换成了优点。

在演讲会上，明智的选择是，不要直接挑明你认为会成为缺点的部分，因为来参加演讲会的大部分听众，在我们把产品的缺点说出口之前一般不会意识到这个问题。但是为了防止他们提出这方面的疑问，最好提前作好说明的准备。如果有可以弥补缺点的优点，就把它强调出来，代替因缺点而进行的道歉。

任何产品和任何人都不会只有优点，没有失误和缺点。所以，产品一旦出现状况，就应该及时地处理经销商或者客户的指责，果断制定应对措施，做到反败为胜。

乔布斯知道演讲的目的是什么，所以他总能找到说服听众的方法。即使是面对听众的质疑和指责，只要从听众的利益着手，亦能说服听众，做到反败为胜。

和其他商品对比的方法

如果演讲者需要在演讲会上介绍一款新的产品，那么必须突出产品的优势，并让观众了解到这款产品能给他们带来什么样的便利，给出观众一个或者几个充分相信你这款产品的理由。一般来说，演讲者要有精明的头脑以及新颖别致的演讲方式才足以打动观众，使商品取得良好的宣传效果。在苹果公司的新品发布会上，乔布斯通常会用竞争对手的同款产品与自己新开发的产品进行对比，他认为这种方式简单且效果明显，不用多费口舌，就能让观众很直观地感受到产品的优势。

在新品Front Row这款媒体播放器的介绍会上，乔布斯重点展示了苹果公司设计的用于媒体中心的遥控器，因为他觉得这款遥控器非常有特色。他搜集了很多其他竞争公司设计的遥控器的图片，有捷威公司设计的电脑遥控器，有惠普电脑的遥控器等，观众看到这些遥控器，顿时在场下发出了一阵惊呼，与乔布斯手上拿着的遥控器相比，其他公司设计的遥控器很明显地大了很多，感觉像是老式的“大哥大”，异常呆板厚重，而苹果公司的遥控器则非常小巧精致。

当然，款式上也存在着很大的差异，苹果公司遥控器的设计更加有新意。看到台下观众的反应后，乔布斯面带笑容地继续自己的演讲：“正如大家所见，图片上展示的分别是捷威公司和惠普的两款遥控器，一个用于启动微软媒体中心的，一个是用于开惠普电脑的，他们的样子就如大家所见，个头都非常大，而且外观不是很精致，显得非常复杂，操作起来也不是很便捷。那么再来看看我们公司设计的遥控器。”屏幕上出现了苹果公司设计的玲珑小巧的遥控器的图片，同种产品的前后对比，形成了强烈的发差，让观众不由自主地为苹果公司的产品发出了一阵阵惊叹。

乔布斯借着这种热烈的气氛继续介绍自己公司的遥控器：“其他公司设计的遥控器体积如此庞大，是因为他们的按键非常多，基本上每个遥控器上都有四十几个按键，而我们的按键只有6个，我觉得这两组图片的对比，足以证明我们苹果公司设计的遥控器的强大优势了，这就是我们苹果公司的品牌实力。”

乔布斯用一个小小的遥控器，就战胜了其他竞争公司的品牌价值，确实是如此，苹果公司的产品不仅追求创新，而且各个方面都力争做到完美，相比其他产品，在给消费者带来更多方便的同时，他们的产品也设计得非常精致，非常像艺术品，这也满足了人们对于美的追求，所以消费者对苹果产品都很容易产生冲动，并迫切希望拥有。介绍遥控器这一个环节只用了几十秒的时间，但是取得了非常好的效果，是因为乔布斯使用了非常巧妙的演讲技巧，与其他商品进行对比，突出了自己的产品优势。

无论什么样的演讲会，都可以使用对比的演讲技巧，都可以拿自己的产品与其他竞争公司的产品进行比较。但是，也要遵循一定的原则，绝对不能诋毁其他公司的产品，这是不道德的行为。

在对产品进行对比的时候，演讲者要通过精心的设计，并使用巧妙的语言，让听众自己体会到不同公司设计的相同性质的产品之间有什么不同，这才是专业演讲者采用的方式，就像乔布斯一样，要对内容进行一些特别的构思和处理。

总之，以宣传产品为主题的演讲会，都要适当地采用对比的演讲技巧，与竞争公司的产品进行明智的对比，这样才能把自己的产品宣传得更好。

第 15 章

展示你的激情和能量

推销你的愿景

乔布斯是一位优秀的演讲家，也是一个非常有想法的人，他非凡的领导才能来源于他对未来美好世界的憧憬，以及为实现这个目标付出的努力，他希望通过自己的能力设计出非常好的产品，并且坚信自己公司的产品能够改变世界。乔布斯从很年轻的时候起，就抱着这种信念，从未改变。当然他也非常乐意向人们传达他的这种思想，也就是苹果公司的宗旨：“我们就是要让我们的用户感到满意。”“苹果不顾一切”的精神把乔布斯的愿景体现得淋漓尽致，他也常常在演讲会上推销自己的愿景和梦想。

在演讲台上，我们经常看到一个毫不保留地表达自己的情感，向听众说出自己的想法，并对自己所做的事业充满热情的乔布斯。听众也会被乔布斯的这种坚定不移的想法和憧憬所感染。

2003年，《滚石》杂志对乔布斯进行了采访，记者问乔布斯："您是怎样看待贵公司的iPod产品的？"乔布斯回答道："iPod播放器不仅仅是一款功能强大的音乐播放器，它在音乐世界中也产生了重大的影响，它操作起来非常简便，存储容量也大得惊人，一个揣在衣兜里的小小iPod播放器可以存上1000首歌曲，它的存在给人们的生活带来了方便和快乐，无论你在世界的哪个角落，你都能随时随地听到自己喜爱的音乐，这也是我们取得的一点成绩，通过一点点小技巧，让人们的生活变得更美好了。"

在现在这个高科技时代，到处都是数字产品，音乐也在发生着改变，并以新的姿态进入人们的生活中，这是非常美好的事情，乔布斯抓住了这个时机，设计出能随身携带的大容量iPod音乐播放器，使之成为能改善人们生活质量的工具，让生活变得多姿多彩，这跟他的初衷是统一的，说明他朝着自己的意愿向前迈进了一步。

乔布斯的经历说明：你现在所想的和所做的，都将会决定你未来的命运。

当然美好的未来不是一个人就能成就的，你需要更多人的帮助，唯有你的追求和激情才能吸引和激励其他人追随你的脚步，这就要求人们善于表达自己的情感，并能充满自信地在公众面前清晰地描绘出自己将来的宏伟蓝图。

乔布斯这样的沟通大师就是很好的例子，他敢于表达自己的情感。电脑也好，iPod也好，iPhone也好，他对自己的每一款产品都充满热情和信心，坚定不移地相信自己的产品能够提升客户的生活质量，从而改变世界。

> 每个人的演讲都期望能改变听众的看法，让听众跟随自己的演讲路线，那么演讲者理应全身心地投入到演讲中，用自己坚实的意念来打动听众。演讲本身是在言语上传达自己的想法，如果这种传达方式不坚定，听众也不会跟随我们的意愿行事。

所以，我们在演讲的时候要坚定地推销自己的想法和愿景，这样才能起到影响听众的效果。我们要想让听众接受我们的想法，首先要保持对演讲的热情，在演讲台上的时候尽量将热情传递出来，让听众感受到我们的情绪，这样他们才更可能接受我们的想法和愿景。

“英雄式”的号召力

众所周知，史蒂夫·乔布斯最擅长的手法就是在他的演讲中展开英雄和对手的大战，每当此时，他声情并茂地述说着时下的困境和英雄的勇敢，利用他的号召力，让听众感同身受，为英雄的杰出和伟大感动。

“蓝色巨人将主宰整个计算机行业，引领整个信息时代吗？乔治·奥威尔的预言会成为现实吗？”这是史蒂夫·乔布斯在一次发布会上向听众提出的问题。在每一个经典的故事中，英雄人物都会同对手展开激烈的交战，同样激烈的交手也出现于世界级的演讲大战中，而乔布斯也是擅长此技者当中的佼佼者。

1984年苹果公司眼中的强劲对手就是蓝色巨人——IBM公司。在演讲中，乔布斯明确地向观众引入了对手的概念，并且将对手抽丝剥茧，提出需要解决的问题，使故事更有说服力，让听众更加信赖苹果公司。

苹果公司的广告是历史上最有影响力的电视广告之一，其中大量地运用了英雄和对手这两个元素。在乔布斯的演讲中，我们也很多次被他这种技巧所折服。

在1984年，苹果公司通过电视广告向世界介绍了当时的新产品Macintosh电脑。这则著名的Macintosh广告虽然只于1月22日播放了一次，但苹果公司巧妙地选择在同年美国超级杯橄榄球大赛的电视转播中播出。广告在沉闷乏味的第三节比赛期间播出后，当时的洛杉矶突击者队轻松击败华盛顿红人队。但根据市场调查更多的人记住的不是比赛的结果，而是苹果公司的这则广告。所有人都被广告中的英雄人物迷住了。

这部广告片是由科幻片《异形》的导演雷德利·斯科特导演的。一开始，走调的音乐，沉重的脚步声，成排剃光头的人，毫无个性，面无表情，一个接一个缓慢踱入现场。一张大脸（暗指IBM公司）正在屏幕上发表言论，光头们端坐在巨大的屏幕前，被屏幕上他们的领导人洗脑。这时，一位金发碧眼的自由女斗士跑过来，她身着20世纪80年代的轻薄运动装，手里挥舞着大锤，被一群极为凶狠的纳粹党突击队员追赶。姑娘一边奔跑，一边向屏幕掷出大锤，顿时，随着震耳欲聋的巨响，屏幕发射出爆炸似的耀眼的光芒。这群光头看着这一幕，全都惊愕地张着嘴巴。画外音响起，一个忧郁而深沉的声音说："1月24日，苹果公司将推出Macintosh电脑，你将明白1984年为何不会像奥威尔的《1984》所想象的那样。"

在这个广告内幕试映的时候，几乎所有苹果公司董事会的成员都不喜欢这则商业广告，不同意投放到市场上，而乔布斯则全力支持，因为他认为广告中经典的"英雄和对手的故事"能唤起观众的情感力量。他清楚地认识到每一位故事的主角都需要一个强劲对手作为陪衬。在这一历史性的名为"1984"的电视广告中，IBM公司代表强劲对手。当时的IBM公司是计算机主机制造商，已决定和世界上第一畅销的家用电脑Apple Ⅱ展开竞争。

在1983年的一次主题演讲中，乔布斯向一群选拔出来的苹果公司的销售人员解释了这则持续了60秒的电视广告的意义。

"现在正是1984年，"乔布斯说，"IBM公司想占有一切！苹果公司是IBM公司的最后一道障碍，他们现在已将枪口瞄准了我们。我们能让IBM公司霸占整个电脑行业吗？我们能让IBM公司霸占整个信息时代吗？乔治·奥威尔的预言将变成现实吗？"作完这番鼓动性的演讲后，乔布斯从容地走下了舞台，苹果的销售人员成为"1984"电视广告的第一批公开观众，很快台下掌声雷动。过了60秒，乔布斯再次出现在舞台上。他满面笑容面向观众，沉醉在一片赞美声中。他的姿势、身体语言和面部表情仿佛都在说：“我干得很漂亮。”

懂得如何利用对手来为自己造势，这是乔布斯独一无二的高招。我们在演讲的时候要学会为自己造势，利用对手提升自己的实力。一个有激情和感染力的演讲者需要有一种“英雄式”的号召力，利用声势将自己的激情和力量展示出来。这种能量的展示能自然传递到听众心中，征服听众的心。

“摇滚式”的渲染力

在乔布斯的很多演讲中，我们可以看到，无论是苹果的主题演讲会还是苹果的产品推介会，乔布斯都能在台上将他最有激情的一面爆发出来。

“我非常兴奋，因为此产品是一件将会改变世界的产品。”乔布斯在演讲中会使用很有振奋力的字眼来鼓舞听众。

“苹果公司需要一名新的执行官，我是公司的合伙创办人，而且比任何人都要了解它的文化和能力。只有一个人能够重振苹果团队，只有一个人能够整顿这家公司，那就是我。”

这段话是乔布斯说服当时的苹果公司董事长阿梅里奥让他担任CEO时所说的。这番自信的豪言壮语不仅给当时的阿梅里奥留下深刻印象，也使乔布斯的魅力指数上升了一大截。

2008年，苹果公司举办了一场名为“我们来摇滚”的发布会。会上，乔布斯为听众介绍了苹果公司的新产品

iTunes。乔布斯说："早上好，今天我们有一些令人兴奋的消息想要和大家分享。我们今天要谈论的主题是音乐。并且我们苹果公司最近新出了一款与音乐有关的有趣产品。"

"iTunes是世界上无处不在的音乐和视频播放器与世界上最大的在线音乐库的完美结合。我们知道，现在的音乐播放器拥有20万首歌。但是，我们这一次发行的产品已经达到850万首歌了。同时拥有超过了125000部播客，超过了30000集电视节目和2600部好莱坞电影。"

"下面，我还要告诉大家一个令人振奋的好消息。多年来，我们已经拥有了一个强大的客户群，我很高兴地告诉大家，现在苹果公司拥有了6500万的iTunes用户群。不可思议吧，6500万位用户。"

乔布斯的话音刚落，听众席上一片哗然。就像是一场音乐摇滚会，乔布斯几句话便点燃了听众的热情。演讲过程中，怎样将自己的这种"摇滚式"的渲染力传递给听众呢?

首先，演讲者要拥有饱满的热情。一个拥有热情的人很容易感染他人，如果一个演讲者无精打采地站在演讲台上，听众也会对台上的演讲没有兴趣，听起来昏昏欲睡。带着激情的演讲很容易击中听众的内心。

其次，说话的声音要饱满，有情感。苍白无力的声音很难打动人心。一个人说话的语调，讲话的声音取决于这个演讲者本身的激情和情感。

所以，在演讲中演讲者的情感和激情是传递信息的最好工具。要想达到“摇滚式”的渲染效果，演讲者要将自己最好的状态呈现出来，感情要饱满真实，这样才能引起听众的强烈共鸣。

第 16 章

让演讲流畅自然

根据听众的需求表述演讲

人们在演讲的时候，会遇到这样的情况：同样的话采用不同的讲话方式表达，意义就会有所不同，这些话产生的影响力也会很不一样。很多演讲者在演讲之后并没有太大的收获，人们在究其原因的时候，有的归结为演讲内容不完整，有的归结为演讲的时候没有亲切感。那么如何让内容差不多的演讲更加流畅、动听呢？这就需要我们根据听众的需求表述演讲内容。

乔布斯的演讲很注重说话的逻辑和方式，并且他的演讲内容大多是根据听众的需求和期待设计的。他认为，一个成功的演讲不仅能让听众对产品更加理解，也会让那些参与演讲会的经销商对这些产品增加兴趣。

在很多演讲会上，乔布斯给听众传递信息的时候，首先会介绍这些产品的基本信息。不管是新款的麦金塔、新款的iPod还是新款的iTunes他都会一一详细叙述，为了不让听众觉得这些常识和原理知识枯燥，乔布斯会做一些吸引人的幻灯片，或者利用多媒体来展示这些图片。

然而，乔布斯知道，在他的演讲会中，来参与的听众不仅是一些购买者，还有一些是销售苹果公司产品的代理商。为了明确这些产品对于销售商的意义，乔布斯会对其有针对性的分析和解说。

乔布斯说："这真是了不起的产品，但是它的意义在哪里呢？首先，我们即将迎来一年一度的圣诞节，这个时间为产品提供了很大的空间。我们准备好了非常具备人气的产品。"

"除此之外，我觉得我们的产品还有更加重要的意义。我们先回到昨天。大家都知道，经历了很多年的努力，到昨天为止，苹果公司实现了通过iTunes在线购买音乐，通过苹果电脑和iPod进行播放。"乔布斯话音刚落，屏幕上出现了这个演讲会昨天时间的日历，以及到昨天为止人们使用

iTunes所能做到的事情。

接着，乔布斯继续说：“为了更好地开发这一技术，我们公司的设计师和技术人员经过很长时间的努力，并且在一年的时间里完成了这个跨越。”随之，屏幕上出现当天的日期字样，又展示了今天我们开始应用iTunes可以做到哪些事情。这些改进无疑是针对那些销售者来说的，乔布斯说的这些理由为他们寻求商机提供了更好的理论准备。

“从今天开始，视频影像也可以在线购买了。这些视频不仅可以在电脑里看，还可以装在iPod里面播放。它还有一些音乐视频、电影短片以及高人气的电视节目，都是很受人们喜欢的节目。”乔布斯之所以这样讲是因为对苹果来说，在线购买视频是他们针对消费者群体设计出来的新功能。在对产品的宣传中，新功能最能吸引消费者的眼球。乔布斯根据听众的所需所想来表述，并带来了强大的需求效应。

从乔布斯的讲话来看，我们可以发现，乔布斯先陈述了苹果公司的人气产品，为自己的产品增加砝码，他对这些销售商说能够在圣诞节销售人气产品，为产品的销售找准了商机和时机。乔布斯知道，这些经销商们会在圣诞节之前准备各种货品销售，趁机赚取更大的利益。所以，他针对听众、消费者以及经销商的不同需求安排演讲的内容。结果乔布斯的演讲对产品销售起到了极好的推动作用，让苹果产品的销路更广，销售额度飞涨。

乔布斯非常有条理地分析了市场信息，再根据听众的需求讲解内容，将文字与幻灯片结合起来，让听众对演讲的主题更加明确。可见，我们在演讲的时候，根据听众的需求来设计演讲，演讲的内容也更容易被听众接受。

克服演讲中的焦虑感

有过公共演讲经历的人都知道，很少人能够做到心情平静、信心十足地登上演讲台。心理学研究表明：人们在日常生活中，经常会遇到各种各样的困难和障碍，为了解决问题，实现自己的目标，就必须克服困难。而困难的出现和克服，会引起人内心的不安和紧张，严重时还会给人带来恐惧，形成焦虑。如果在演讲中心情焦虑则会严重影响演讲的自然感和流畅感，无论演讲者还是听众都会感到不太舒服。

我们在乔布斯的演讲中，很少看到他在台上出现焦虑的情况。即使是在会场上出现失误现象，他也会处变不惊，不受外界任何干扰因素，继续演讲，自己乐在其中。

在一次演讲中，乔布斯手中的数码相机无法启动，当时，现场一片嘘声，乔布斯从容地将手中的数码相机扔给坐在前排的一个苹果员工，然后对听众说："我需要一个专家来修复它。我不是一个很专业的技术工作者，这对我来说太难了，它工作起来非常棒。"乔布斯的一句话化解了演讲中的错误和尴尬，听众并没有觉得相机有什么问题。

站在演讲台上的演讲者都会有紧张的焦虑感，既然紧张恐惧的心理是存在的，是不可避免的，那么，是否能较好地处理紧张心理直接影响着演讲的成功与否。林肯曾说："我相信，我若是无话可说时，就是经验再多、年龄再老，也不能免于难为情的。"这话说得很深刻。要进行成功的演讲，就必须有成功的准备，否则，没有准备好就出现在听众面前，与未穿衣服出现在人们面前是一样的。对付怯场心理最有力的武器是诚心诚意地告诉自己你对本次演讲准备得十分充分。只有有备而来的演说者才能获得自信和成功。

同时，对演讲者来说，平时不但要作好演讲前的准备，还要注意加强自己的心理训练和调适，养成良好的"应考"习惯。同时不要把目标定得过高，对于不切实际的期望要有客观的分析。如果把演讲的意义片面夸大，甚至把演讲与个人终生的成就、事业和幸福等紧紧联系在一起，演讲还未来临，就已经是惶惶不可终日了。带着强烈的求胜动机和沉重的心理负担去准备，结果情绪焦虑程度越积越强烈，到了发挥时却事违人愿。因此，演讲者要学会适度降低求胜动机，减轻心理负担，真正做到轻装上阵。

要想克服演讲中的紧张感，演讲时要尽量做到：

1.如果讲到一半忘了演讲词，不要紧张，跳到下面的题目，很可能根本没有人注意到你的失误。

2.停顿不是问题，不要总是想发声以填满每一秒钟。最优秀的演讲者会利用间隔的停顿来把他的重点更清晰地表达出来。

3.眼睛直视观众，可以随机地更换注视的对象。不要左右乱看，不要往上看，因为这会让你看起来不值得信任。

4.如果看观众会让你感觉紧张，那么眼睛可以多看那些比较友善的或常笑的脸。

5.如果看观众的眼睛会让你紧张，那就看观众的头顶（观众不会发现的）。

6.如果你可以做到，演讲最好用接近谈话的方式。用简单的语句表达清晰的思路，不要太咬文嚼字。

7.最好适当地使用肢体语言，做些手势，不要太死板。

8.如果你会发抖，不要拿纸在手上，因为纸会扩大你发抖的程度。手可以握紧拳头，或扶着讲台。

9.演讲时千万不要提到自己的紧张，或对自己的表现道歉，那只会让你更加失去自信。

10.如果能在开场白时吸引到观众，整场演讲便会容易和顺畅不少。

著名的心理学家卡耐基先生对于消除紧张心理是最有经验的，而在他的众多经验中最基本的经验就是："你要假设听众都欠你的钱，正要求你多宽限几天；你是神气的债主，根本不用怕他们。"

所以给自己一些积极的暗示，伸直膝盖，挺直腰背，信心十足地开始演讲，当面对听众时，经历一些恐惧：一些忐忑和一些精神上的紧张，这是演讲中出现的一些正常现象，只要能坚忍不拔，适度调节，所有的不适都能被克服。

时刻铭记回顾和总结

每个演讲会都有它独特的结构和内容安排，让听众轻松地记住演讲会的主要内容，这要求演讲者在演讲时掌握一定的表达技巧。时刻铭记回顾和总结上一阶段的演讲内容，可以帮助听众更好地理解演讲的主旨。

一场持续数个小时的演讲会，听众不可能时时刻刻集中精力于现场的演讲，不免会走神和精神分散。听众一旦走神，错过演讲会的部分内容，那么对于接下来演讲内容的理解会存在一些困难。优秀的演讲者总是能轻易地吸引住听众的注意力，让听众轻松地记住他的演讲内容。优秀的演讲者善于运用技巧，将精神分散的听众再次吸引到演讲上来。如何应对这种情形，让在场的每一位听众熟知这场演讲会的主要内容呢？

吸引听众的注意力，让听众深刻理解演讲的主旨，最好的途径就是找准时机，对演讲内容进行总结和回顾。通过回忆和总结，让听众把握上一阶段的主要演讲内容，可以有力避免听众无法听懂演讲者下一部分的演讲内容。

在乔布斯的演讲会上，很少会出现听众无法理解演讲者话语的情形，这正是因为乔布斯善于总结和回忆。在一次苹果公司新品iPod发布会的结尾，乔布斯这样说道："朋友们，今天我的演讲会到此马上就要结束了。现在我们一同回顾一下今天大家在幻灯片上所看到的精彩内容吧！"接下来，乔布斯带领在场的听众一同总结和回忆了这场演讲会的重点和主要内容。他首先总结了新品iPod内置摄像机的强大功能，集音乐、图片、录像和自动拍照等众多功能于一体，使用者在房间里就可以轻松享受到这些服务。然后，他又强调了音乐播放器的核心性能和视频播放功能。

乔布斯的总结和回忆是对产品核心性能的再次强调和解释，而不是对先前演讲内容的简单重复。

在乔布斯的演讲会上，无论演讲进行到哪个阶段，乔布斯都会适时强调上一个阶段演讲的主要内容，听众很容易就能抓住演讲会的主旨。即便听众有短暂的走神，也并不影响他对于乔布斯演讲主要内容的理解。在乔布斯的演讲会上，听众经常会听到这样一句话："这就是我上面提到的……"这样一句简单的话语，起到的是强调说明的巨大作用，既重要又简洁明了，听众也不会感到厌烦。

大多数演讲者在准备演讲会时，注重的是演讲内容的选择和演讲结构的安排，往往会忽视归纳总结这个重要的环节。归纳总结对于一场持续几个小时的演讲会而言，起到的作用不可小觑。毕竟在整场演讲会中，听众的精神和注意力不可能时刻集中在演讲者和演讲会上面。演讲者适时归纳总结不仅可以为走神的听众提供一个说明，而且也为演讲者开始下一部分的演讲提供了缓冲的时间。

演讲者找准时机，回忆和总结演讲内容，时时刻刻抓住听众的眼球，把一场出色的演讲呈现给在场的每一位听众，更能保证演讲会的自然、流畅与完整。